あなたの運命をひらく

たましいの地図

SPIRITUAL MAP

江原啓之

中央公論新社

はじめに

自分という素材の下ごしらえはできましたか?

いきなり何のことだろうと思われる方もいることでしょう。ここでいう素材とは、あなたの本質のこと。つまり私は、「本書を読み始めるにあたり、あなたは長所や短所を含めた自分というものをきちんと把握し、自分の個性を活かして生きていこうという心構えはできていますか?」と問いかけているのです。

どんな人にも生まれ持っての性分があります。さらに生きる過程のなかで、さまざまな問題にぶち当たり、トラウマ(心の傷)を抱えるようになります。性分とトラウマが相まって、知らず知らずのうちに生じるのが「思いぐせ」です。

たとえば、悪口を言われたわけでもないのに「自分は嫌われているかもしれない」などととらえてしまうのは、被害妄想という思いぐせ。いつも「自分なんて……」と自己否定してしまうのも、「こうあらねばならない!」と頑なに考えてしまうのも思いぐせ。いずれにしても、妄想ともいえる偏った感情のせいで、一歩踏み出すことができずにいたり、人間関係の壁を作っていたりするとしたら、残念だと思いませんか?

私は常々、運命は自分で作り上げていくものだと説いていますが、人生を好転させるためには、何よりもまず、自分の思いぐせを手放す必要があるのです。

そこで本書では、「依存心」「期待」「不満」「落胆」「諦め」「嫉妬」「打算」といった、多くの人が陥りがちな「負の感情」をテーマにしています。そして、人がそうした感情を抱くのはなぜなのかを分析し、改善するためにはどうすればよいのかを説いています。しかし、自己分析のできていない人にとっては、あくまでも他人事。心に響くことはないでしょう。

自分という素材を知らずに、複雑な味付けを試したところで、おいしい料理を作ることはできません。すべてカレー味、とりあえずマーボー味にしてしまうという手もありますが、それでは総じて大味な人生を送ることになってしまいます。

人生というのはデリケートな旅で、ほんの少し塩を加えたり、バターを隠し味にしたりといった微妙なさじ加減が大切。それを怠れば、途端に人間関係がこじれたり、悪化したり……。いつしか孤独に苛まれ、あんなにも美味しそうだった料理がモノクロにしか見えず、食欲も失せるといった具合にどんよりとしてしまうでしょう。つまり、運命が悪いほうへと流れてしまうのです。

また、人の不幸の多くは、他者と自分を比べることによって生じます。でも、考えてみてください。おでんで絶大な力を発揮する大根も、揚げ物にしたら完敗。逆に揚げ物では持ち味を存分に生かすことのできる蓮根は、おでんの具としては活躍の場がありません。同様に、人の個性もさまざま。自分（素材）に合った生き方を見つけることが、幸せに生きるための秘訣なのです。

では、自分という素材を知るためには、どうしたらいいのでしょう？

実は、本書と同時に発売した『たましいの履歴書』は、連動しています。『たましいの履歴書』は、監修を務める私が導き手となり、あなたが生きてきた軌跡のなかから、生まれてきた意味を見出していただくことを目的として作りました。つまり、自分という素材を知り、良さを認識してもらうための本です。

自分のことを嘘偽りなく記すことは、自分の短所や数々の失敗から目を背けず、素直な気持ちで自分自身と向き合うこと。ひいては自分自身を熟知することに通じます。

また、自分のことを記しながら浮き彫りになるのは、自分の力では変えることのできない生まれた土地や性別、家族や育った環境といった宿命ですが、どんなものであれ、理不尽だなどと嘆くのはお門違いというもの。なぜなら人はみな、生まれる前に現世での課題を決め、学びを得るのにふさわしい宿命を、自ら選んで生まれてくるからです。

自分の宿命を受け入れ、与えられた宿命のなかでたましいを磨こうと考えることで、生きる姿勢が変わります。そのうえで自分に合った生き方を見つけ、行動に移して運命を作りあげていくことによって、初めて人生は輝くのです。

自分という素材を見極めてから本書を読めば、運命をひらくために必要なメッセージの数々を、しっかりと受けとめていただけることでしょう。

誰の人生も、磨けば輝くダイヤモンドの原石です。あなたが迷路から飛び出し、自分を信じて、まっすぐに生きていけますようにと願っています。

あなたの運命をひらく

たましいの地図

目次

Contents

はじめに 003

第1章 あなたの運命は変えられる

01 負の感情から逃げていませんか？ 014
02 すべて他者のせいにしていませんか？ 019
03 期待しすぎていませんか？ 024
04 すべてをマイナスにとらえていませんか？ 029
05 「こうあるべきだ」と思い込んでいませんか？ 034
06 「どうせ自分なんて」と諦めていませんか？ 039
07 〝孤独〟を不幸なことだと思っていませんか？ 044
08 「羨ましい」が「悔しい」になっていませんか？ 049
09 いつも損得勘定に囚われていませんか？ 054
10 あなたは現実を受け入れていますか？ 059
11 何でも先送りにしていませんか？ 064

12 一つの価値観に囚われていませんか？ 069
13 うわべだけ取り繕っていませんか？ 074
14 許す心を忘れていませんか？ 079
15 過去をふり返り立ち止まっていませんか？ 084
16 どんなときも冷静に考えて行動していますか？ 089
17 言い訳がましく生きていませんか？ 094

第2章 不幸になる人の法則10

法則❶ 物質主義的価値観の人 102
法則❷ 人と自分を比べる人 104
法則❸ 怠惰な人 108
法則❹ 愛情のない人 111
法則❺ 中途半端に幸せな人 114
法則❻ 魔法が好きな人 116
法則❼ 心配性の人 120

法則❽ 暗い人 123
法則❾ 考えない人 126
法則❿ 祈らない人 130

第3章 幸せに生きるための10の心構え

01 感情に流されず理性で考える 137
02 小我ではなく、大我を育む 138
03 自分の真・副・控を明確にする 141
04 よい音霊、言霊を使う 142
05 天職と適職のバランスを保つ 144
06 子どもたちに愛のある教育を与える 146
07 すべての物事に感謝と愛を示す 147
08 念のパワーを信じる 149

09 人間関係は自分を映す鏡と考える 150
10 行い次第で未来は変わる 152

第4章 女性の人生を好転させる8つの法則

01 スピリットの法則――肉体とたましいは別だと知る 158
02 ステージ(階層)の法則――他者に翻弄されないと決める 159
03 波長の法則――出会う相手はみな波長の映し出し 160
04 因果の法則――すべては自己責任と考える 162
05 守護の法則――どんなときも見守られている 163
06 グループ・ソウル(類魂)の法則――小我を捨て去り、大我に目覚める 164
07 運命の法則――自分で運命を切りひらく 166
08 幸福の法則――8つの法則を実践して生きる 167

特別付録　運命をひらく「銀札」

構成◎丸山あかね
イラスト◎牛尾　篤
装幀◎山下英樹（ディクショナリー）
本文ＤＴＰ◎今井明子

第1章

あなたの運命は変えられる

No.01

負の感情から逃げていませんか？

読者のみなさんの抱える「負の感情」には、どんなものがあるでしょうか？

性別、容姿、生まれた家、土地……。人が抱える悩みはさまざまですが、冒頭にあたるここでは、「こんなはずではなかった」と、多くの人が迷路に陥りがちな結婚生活を題材に考えてみましょう。

独身者である自分には関係のない話だなどと思わないでください。今は結婚願望がないという人であっても、結婚という未来がないとは限りません。結婚したいけれど踏み切れないという方や、子どもが結婚生活で悩んでいるという親御さんにとっても、無関心ではいられない問題であるはずです。

それにしても、結婚して幸せになる人とそうでない人がいるのはなぜなのでしょうか？

このことを深く理解していただくためには、そもそも結婚とは何なのか？　ということについてお伝えする必要があると思います。

スピリチュアリズムでは、現世は「学びの場」。そのなかで、結婚は一つのカリキュラムであり、「忍耐を学ぶ場」でもあります。

結婚は、恋愛とは別物。恋愛が感情を学ぶものだとすれば、結婚は、夫婦で一つの共同体となり、社会に向き合う学びです。どんなに好き合って結婚したとしても、夫婦は育ってきた家庭も価値観も違う他人。合わない点があって当然ですから、ともに暮らすのは忍耐の連続でしょう。それでも、一緒に生きていくなかで、しだいに、「小我」（自己中心的な愛）から「大我」（見返りを求めない愛）に変化していく。それが、結婚における学びなのです。たましいを成長させるために修行に挑んでいるようなものですから、まったく試練のない結婚生活など存在しません。

結婚＝幸せなゴールと考えるのではなく、「忍耐を学ぶ場」での新たなスタートと考えれば、降りかかる問題やそこで生まれた気持ちにも、逃げずに向き合えるようになるのではないでしょうか。

とはいえ結婚生活では予想もつかない困難ばかりが起こります。夫婦のすれ違いをどう乗り越えるべきか？　夫婦にとってセックスは義務なのか？　子どもを持たないという選択は正解か？　不妊治療をしてまで子どもを欲するのは「小我」なのか？　パートナーの浮気には目をつぶるべきなのか？　パートナーを変えることはできるのか？　〝正しい〟離婚とは何か？　そんな試練に直面するたび、負の感情に押しつぶされそうになるのもしかたありません。

ここで大切なのは、ネガティブな感情に蓋をするのではなく、あえて真っ直ぐ向き合い、プラスの感情に変えていくこと。それこそがソウル・リフティング、たましいの成長を意味するのです。

それから、もう一つ。具体的なアドバイスに入る前に、どうしても申し上げておきたいことがあります。それはみなさんが、古い価値観を脱ぎ棄て、もっと本来の意味での自立を目指さなければならないということです。

男女にかかわらず「この結婚は自分の運命だから、受け入れるしかない」とおっしゃる方がいます。しかしそれは間違い。そうした人は「宿命」と「運命」を混同しているのです。スピリチュアリズムでは、生まれてきた時代や国、性別など、変えることのできないものを「宿命」、それに対し、どんな仕事を選ぶか、誰と結婚するかなど、生き方を選択し切りひらいていけるものを「運命」と考えます。パートナーとして出会う相手とは、偶然ではなく必然で惹かれ合ったとしても、その人と結婚するかどうか、選ぶのは自分次第。宿命は変えられませんが、どんな生き方をするかという「運命」は無限に広がっているのです。

たとえば、かつての日本には、女性が意志を持ち自分の人生を自由に選択することができない時代がありました。でも、今は違います。職業を持つ、結婚をする、子どもを持つ……すべて自由に選ぶことができます。しかし、誤解を恐れずに申し上げれば、私にはまだまだ、女性が本当の意味で「自由」になっていないと思えるのです。世の中で許されていても、当人にその覚悟がない。自由と表裏一体の、責任までも背負う覚悟がないからかもしれません。

今流行の「婚活」（結婚活動の略）をする人のなかには、仕事に就けないとか、今の仕事を続けるのがつらいといった理由で、結婚という永久就職を望んでいる人がいるようです。これこそ、いまだに「シンデレラ・コンプレックス」を克服できず、夫の庇護のもとで生きたいと考えている証ではないでしょうか。

あるいは、熟年離婚をするかどうか迷う女性にも同じような傾向がみてとれます。「夫に三行半を突きつけたいけれど、別れたら経済的に不安がある。だから別れられないんです」というような悩みを、過去のカウンセリングでもたくさん聞いてきました。厳しいようですが、こうした場合も、結局、夫に「依存」しているだけなのだと言わざるをえません。改めて申しますが、「運命」を自由に築いていくためには、結婚についての意識を変え、自立しなければならないことを肝に銘じてほしいのです。

人生のなかで起こりうる悩みや問題は、千差万別です。マニュアルのように「こうすればいい」という一辺倒の答えは、そもそもありません。ただ逃げずに向き合い、自分なりに問題を分析できるようになれば、あなた自身の力で「運命」を築き上げていくことができるのです。自分自身の力で、たましいの成長（ソウル・リフティング）を実践できる術を養っていきましょう。

ソウル・リフティング
No. 01

「宿命」を受け入れ、
そのうえで自らの人生を
切りひらいていくことが大切です。
人生で起こりうるさまざまな問題、
ネガティブな感情もまた、
「運命」を切りひらくための
すばらしい教材です

No. 02

すべて他者のせいにしていませんか？

あらゆる負の感情は「依存心」から生まれています。ところが、ほとんどの人がそのことに気づいていません。

たとえば夫婦関係において、パートナーに対して抱く苛立ちや不満。これらの負の感情はなぜ湧き起こるのでしょう。あなたが抱く不満の裏に「夫婦なんだから、それくらい当然」という気持ちがあるからではないでしょうか？　実は、この甘えこそが「依存心」の表れなのですが、それを理解している方は、そう多くないと、私は思っています。

15年間行っていたカウンセリングのなかで、私が相談者に対して、何度も繰り返してきた質問があります。それは「あなたにとって、結婚における幸せとは何ですか？」というもの。すると、かなりの人が「絶対的な味方がいると思えること」というふうに答えていました。

これが依存でなくて何でしょう？

もう一歩踏み込んで、「もしも離婚したら？」と、具体的に想像してみてください。経済的、精神的に不安を感じるならば、厳しいようですが、あなたは「妻」「夫」という座にあぐらをかいて、自立しているような気になっているだけかもしれません。

かつての相談者のなかに、こんな方がいました。一流企業に勤めていた夫がリストラの対象になったうえに、若い女性と浮気をしていたことも発覚したので別れたいと言うのです。実家が資産家で、独身時代の生活レベルを維持するのが結婚の条件だったようですが、それは結婚相手を求めていたのではなく、親の代替を探していただけでしょう。

浮気にしても、類は友を呼ぶといった意味の「波長の法則」だと申し上げるしかありません。女性のなかには、浮気が発覚すると、「もう若くなくなった私へのあてつけに違いない」と怒る人もいますが、「条件」で夫を選んだ以上、自分もまた愛ではなく、若さや美貌といった条件によって夫に選ばれたとしても仕方のないこと。そもそも、年を重ね、若さや美貌が衰えるのは誰にでも平等に訪れる試練ですが、生活のなかで心の絆が強まってさえいれば、容姿の変化などは何の支障にもならないはずです。

いずれにしても、自分の不幸は、失った若さのせいだなどと嘆くこと自体が間違いなのです。なかには、「安泰な老後を送りたいので、せめて息子にだけは出世してもらいたい」といった自分本位な願望を持つ人もいます。親の次は夫、夫がダメなら子ども……と、どこまでも他者に依存しようとするのは、おかしな話です。

こうした例は極端かもしれませんが、他人事だと流さず「もしかしたら自分も似たところがあるのではないか?」と内観していただきたいのです。自分の心のなかに「依存心」が居座っていることに気づいていないのは、本当は恐ろしいこと。なぜなら、そういう人は問題が生じるたびに、すべてを他者のせいにして、運命を切りひらくどころか、自分自身の人生を生きるスタートラインにさえ立つことができないからです。

夫の収入で当たり前のように生活する、パートナーが「愛している」と言ってくれる、妻が身の回りのことをしてくれる、など誰かが与えてくれるもので満たされる状態を幸せだと感じるのは幻想。満足いく人生にするのも、納得できない人生にするのも、他者ではなく、自分自身なのだということを自覚しなければなりません。

では、なぜ依存する人が増え、それに気づかなくなってしまったのでしょうか？　そこには経済の豊かさに伴い、心より物質を重んじるようになってしまったことが大きく影響しているように思います。現代人の多くが知らず知らずのうちに「物質的に豊かであることが幸せなのだ」と刷り込まれて育ってしまいました。親が「あなたのためよ」と言いながら与え続け、子どもたちの価値観を決定づけたのです。結果として、我慢することが苦手な大人になり、「すべては自己責任」という認識も欠落してしまったのでしょう。

結婚生活は、テニスにたとえればダブルスの試合のようなものです。ペアを組んだ人におぶさっていては試合になりません。互いに信頼し、フォローしあわなくては負け戦になってしまうのです。どんなポジションであれ、試合に出た以上、役割を果たす覚悟を持たなくてはいけません。

物質主義的な価値観の蔓延した時代のなかで、「何が本当の幸せなのか?」について考え、実践するのは簡単なことではありません。けれど、人と比べて幸せを得る時代は終わりました。自分は自分、人は人。真の幸せは自分のなかにしか存在しないということに、いかに早く気づき、物質主義的価値観から脱却することができるか。それが「依存心」を取り去る鍵であると言えるでしょう。

スピリチュアリズムでは、試練の多い人ほど、学びが多く、神に愛されていると考えます。大切なのは、自分の人生の主役は、常に自分なのだと意識すること。そして、与えられた試練は必要な修行なのだと受け入れ、自ら責任を持って前向きに生きようと決めるのです。いつからでも遅くはありません。運命は、自立することで大きく変わり始めるのです。

ソウル・リフティング
No. 02

すべての負の感情のベースになる
「依存心」を取り去れば心は安定します。
誰かが与えてくれる幸せは幻想。
常に主役は自分です。
何事も己の忍耐の修行と受けとめ、
責任を持って生きていきましょう

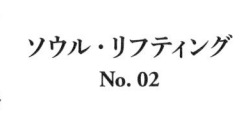

No. 03

期待しすぎていませんか？

あなたは、どのようなときに「苛立ち」を覚えるのでしょうか？　夫が子育てに参加しないとき、子どもに話しかけても無視されたとき、それとも友人関係のなかで自分の意見をうまく伝えられなかったときでしょうか？　生活のなかで、苛立つ機会を数え上げたらキリがありませんが、いずれにしても他者に抱く「苛立ち」という感情は「甘え」とセットになっていることをきちんと認識しなくてはいけません。

人間ですから、他者の言動が癇に障ることも、もちろんあるでしょう。けれど自分のイライラした気持ちを表に出し、相手にその感情をぶつけることは、苦しい気持ちを解消したいだけの「甘え」であり、「小我」（自己中心的な愛）です。もし、相手に落ち度があったとしても、そこで攻撃したりせず忍耐を養うことが、「大我」（見返りを求めない愛）になるのです。「大我」は損なようですが、決してそうではありません。相手を許すことで、心が穏やかになり、真の幸せへと近づいていけるのです。

これはカウンセリングをしていたときに、よく感じたことですが、女性のなかには妄想に近い期待を抱く人が意外と多くいます。

たとえば「結婚10周年記念にはダイヤモンドのネックレスをプレゼントしてくれると思っていたのに、夫は記念日であることさえ忘れ、会社の飲み会に参加して深夜に帰宅してきたんです！」と涙ながらに訴える人がいました。聞けば少し前から、冷戦状態が続いているといいます。霊視したところ、夫の気持ちもずいぶんと頑なになっているのが視えました。そんな状態の夫が突然、ダイヤモンドをプレゼントしてくれるでしょうか？　それは願望から生まれた妄想で、過度な期待なのです。自分のシナリオ通りにならないからといって苛立ちを募らせるのは、いかがなものでしょう？

逆に「きっと結婚記念日のことは、覚えていないだろうな」というぐらいの気持ちで流していれば、夫が深夜に帰宅したとしても苛立つことはありません。そればかりか、もしも夫の口から「今日で結婚10周年だね」という言葉が飛び出せば、それだけで十分嬉しいはず。

本当に欲しいのは「物」ではなく、「心」なのではありませんか？　それなのに、夫の愛を確かめようと躍起になり、その願望を裏切られて苛立ち、夫が謝ってくれるだろうとさらなる欲求を募らせていては、悪循環になってしまいます。

そもそも「待つ」という受身の姿勢が苛立ちの元なのです。子育てについても同じ。夫も協力して当たり前と期待して待つのではなく、子育てについて話し合うことが大切です。男性はえてして子育ての大変さに気づいていないもの。妻が理性的に夫の協力を促せば、きっと理解を示してくれるはずです。

そのほかにも、「帰宅した夫はムスッとして、話しかけても返事もしないんです」というのは、女性からよく聞く愚痴ですが、一日中働いて帰宅した夫の疲れがどれほどのものか、想像してみてはどうでしょう。仕事人の顔から家庭人の顔になるのには時間が必要。モードの切り替え中に待ってましたとばかり話をされたら、機嫌よくできないのもわからなくはありません。夫が帰宅したら「おかえりなさい」と笑顔で迎え、その後は、相手の様子を見てそっとしておくのも優しさです。

このように、なぜ相手は不愉快な態度をとるのだろうか？　と想像力を持って分析してみれば、自分にデリカシーが足りなかったかな……と思えることもあるかもしれません。ここには、自分で蒔いた種は、自分で刈り取ることになるという「因果の法則」が働いています。

夫婦に限らず、相手の気持ちを理解することは、自分自身を救うことにもつながります。苛立ちを覚えたら、「私は小我だな」と戒め、まずは深呼吸。そして理解してもらうことより先に、相手の気持ちを理解することに努めましょう。

夫婦といえども他人です。他人だなんて寂しいと思う人がいるかもしれませんが、だからこそ、相手を尊重したり、互いを認め合えたりするのだと思うのです。

今一度、考えてみてください。夫にはあれこれと求めるのに、自分は「夫婦なんだから……」と土足で相手の領域に踏み入るような真似をしていませんか？　夫婦という関係に甘えず、一対一の対等な人間関係として重んじ、冷静に向き合わなければ、いつまで経ってもささいなことで苛立ってしまいます。「親しき仲にも礼儀あり」なのです。

夫婦は他人なのだという話をすると、「ソウルメイトであれば、わかり合えるのでは?」とおっしゃる方もいます。確かに、結婚相手は、出会うことで「大我」に向かっていきますから、ソウルメイトとも言えるでしょう。ただし、そうした言葉に酔うのではなく、出会うことで、さまざまな喜怒哀楽を味わい、たましいを成長させてくれる相手であるということを忘れてはいけません。試練をもたらす存在であっても、結果的にたましいを磨いてくれるならば、それこそがソウルメイトなのです。

考え方を変えれば、苛立ちを与える相手は、あなたの成長を促す協力者です。不満をぶつけるのではなく、感謝を忘れず心のコントロールに努めましょう。

ソウル・リフティング
No. 03

苛立ちという感情は、
相手に対する甘えから生まれるもの。
夫婦といえども他人だということを忘れず、
相手の気持ちを尊重し、
大我なる心を持ちましょう

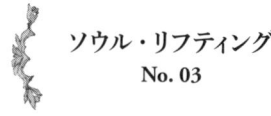

No. 04

すべてをマイナスにとらえていませんか？

この世に、不満のない人は一人もいません。隣の芝は青く見える、とよく言いますが、独身者は「一人の孤独はつらい」と嘆き、既婚者は「独身者は自由でいいな」と思うなど、どんな選択をしても、他者の状況がよく見えてしまうものです。

ただし、スピリチュアリズムで見れば、人間はみな平等。たとえば「あの人はお金持ちでいいな」と羨ましく思ったとしても、お金持ちなりの試練があります。過去の相談者のなかには、莫大な遺産を巡って骨肉の争いをしたという人が大勢いましたし、財産があるがゆえに猜疑心が強く、人を信じることができないというケースも少なくありませんでした。いずれにせよ、どんな人生を選択しても不満はつきものという前提で物事と対峙し、心に折り合いをつける術を備えることが大切なのです。

人生は、一難去ってまた一難の繰り返し。子育てを終えたと思ったら親の介護が待っていたり、自分自身も体の不調に見舞われたり……と、思い通りにいかないことの連続かもしれません。しかし、そうした出来事が起こるたびに不平不満を言っていたら、生涯愚痴を言い続けることになります。確かに、現実から逃げたいと思うときもあるかもしれません。でも、ただ嘆いているだけでは、波長は下がる一方です。大切なのは、「不満が湧き起こる原因は他者にあるのではなく、よい方向に軌道修正できない自分にあるのだ」と理解し受け入れること。自分自身で原因を分析せずに愚痴を言い続けても、問題は解決しないままなのです。

さて、そうしたことを踏まえたうえで、今の幸せについて改めて考えてみてください。人はみな、不幸の数ばかり数えて、幸せの数を数えることを怠りがち。けれど昔の写真などを見ながら、さまざまな人との出会い、嬉しかったことなどを丹念に思い出してみれば、不幸だと感じるよりむしろ、幸せをすでに得ていることに気づくはずです。

このことを美輪明宏さんは「正負の法則」とおっしゃっていますが、「正」があれば必ず「負」があるのです。また逆に、「負」があるからこそ「正」があると言えるのです。ここで言う「負」とは、努力のこと。目の前の困難に立ち向かい努力を積んでおくことによって、「正」がやってくるのです。

それに、不満を言えるうちは、まだ余裕があると言えるのかもしれません。本当に切羽詰まった状態になれば、人は何も考えず行動するものです。誤解を恐れずに言えば、愚痴を言える暇があるということです。

昔の生活を思い出してみてください。家事一つとっても、本当に大変でした。全自動洗濯機も掃除機もありませんでしたし、お風呂一つを沸かすのにも薪を割り、火をおこしていたのです。そうした時代の主婦はおそらく不満を言う暇さえもなかったのではないでしょうか。

お金がないことが不満という人もいますが、愚痴を言う前に、お金のかからない暮らし方を工夫する努力が必要です。現代の日本人はお金を使わずに生活を愉しむことが下手になっている気がします。外食も、たまにすればスペシャルな出来事なのに、頻繁だから当たり前になり、喜びを減らす結果になっているのです。

そもそも人は欲張りなのかもしれません。「このバッグ、清水の舞台から飛び降りるつもりで買っちゃった」と言っていた人が、翌年にはもう新しいバッグを持っていたりします。「これは一生モノだから」「自分へのご褒美」と言い訳はたくさん用意していますが、要は、欲望を抑えることができないだけではないでしょうか。黒いバッグは買ったけど、茶色のバッグがないといった具合に、欲というのは尽きることはありません。物質的価値観に染まり、物を追いかけてばかりの暮らしでは、不満は尽きないでしょう。不満を抱くくらいなら、できる限りの努力をすることです。不満を向上欲に転換していくことができれば、前向きな生き方だってできるはずなのです。

けれど、そうまでして物を得ることがはたして本当に幸せなのでしょうか？　この国にはもともと、「貧しくても幸せ＝〝貧幸〟」という考え方があったように思います。物はなくても、家族の結束が強かったり、支え合うことができたりして、心は満たされていました。物がなくても工夫をして、限られたなかで生活を楽しむ知恵があったのです。今は、「物に恵まれていること＝幸せ」だと誤解してしまっています。だから、どんなに物を得ても、不満が湧き上がるのでしょう。「物はいつか失われるもの」「お金では得られないものがこの世にたくさんある」ということを今一度心に刻んでいただけたらと思います。

人と比べて「これを持っていない私は不幸」と思っていては、いつまでも不満は消えません。物や肩書き、外見などといった〝物質的な幸せ〟を追うのではなく、今ある幸せに感謝しましょう。

ソウル・リフティング
No. 04

この世に、
何不自由なく満足のいく人生を送っている人は、
一人もいません。
また、物があること＝幸せでもありません。
不満を抱くのではなく、
今ある幸せに感謝することが大切です

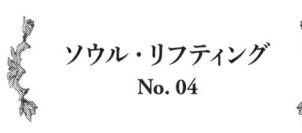

No. 05

「こうあるべきだ」と思い込んでいませんか？

日々の暮らしのなかで「こんなはずではなかった」と落胆することは、誰にでもある経験でしょう。けれどその失望感に支配されすぎて、馬鹿馬鹿しくてやっていられないと自暴自棄になったり、絶対に許すものかと意地になったりしてはいませんか。

一生懸命作った料理を家族の誰も食べてくれなかった、信じていたパートナーに浮気をされた、教育に力を入れていたのに子どもが志望校に入れなかった……など、落胆してしまう理由は人それぞれだと思います。けれど、どなたに対しても私がお伝えしたいのは、「人生はあなたの思うようにはいかないもの」ということ。

かつての相談者のなかには、「親が医者なのだから、娘も医者と結婚するのが一番。それなのに、娘はどうしても嫌だと言うんです」と、親が勝手に子どもの将来を決めつけ、それに背く子どもにがっかりして悩んでいる人が大勢いました。しかも、そうした人たちは、一様に「子どものためを思って言っているのに……」と口にします。

私はそんな相談者に、「あなたがお子さんの将来を案じる気持ちも嘘ではないと思います。

でも、その心の奥では、見栄やいい親でありたいというエゴが働いていて、本当は自分の計画通りにいかないことに落胆しているのではありませんか?」と、問いかけてきました。

落胆の原因は「思い込み」である場合がほとんど。もしかしたらあなたは、自分の考えはいつも正しくて、「こうあるべきだ」と決めつけて譲らない人なのではありませんか? 本来、子育ては無償のもの、つまりボランティアです。子どもの進路を親が決めてしまうこと自体、行きすぎ。子どもには礼儀や世の中のルールを教え、あとは本人の自主性を信じ見守っていればよいのです。転ばぬ先の杖を与えることが愛ではありません。その子が自立するための精神力を育むことこそが真の愛。

たとえば、子どもが将来のことを考えなくてはいけない大切な時期に、ミュージシャンになりたいとバンド活動に勤しんだとします。「そんな夢みたいなことはやめなさい」というあなたの必死の助言も聞かず、子どもが音楽活動を続けたとすれば、あなたは落胆するかもしれません。けれど子ども自身が、その道が本当に正しいかどうかをいつか見極めます。そして、自発的に人生の軌道修正を始めるでしょう。そうすれば、その後も自己責任において人生を歩んでいくことができるのです。

「そのときでは手遅れなのだ」という声も聞こえてきそうですが、本人が自発的に気づかなければ意味がありません。あなたの考えるタイミングはあなたにとって都合がいいだけで、それが正しいとも限らないのです。

これは親子関係だけでなく、夫婦関係やその他のあらゆる関係においても同じこと。主張していることは確かに正しくても、それを押し付けるのは、結局は「小我」。自己中心的な行動になってしまいます。相手の気持ちを考えず正論を振りかざしていれば、せっかくの親切心も「押し売り」でしかなくなってしまいます。しかも、正論を貫こうとすればするほど、相手は反発心に駆られてしまうのです。

たとえあなたの考える正しい道に他者が進まなかったとしても、根底に無償の愛があるなら、相手の意見を尊重し見守ることもできるはずです。「私の気持ちをわかってくれない」という落胆の気持ちに囚われて逃れられないのは、結局、自分がかわいいということになるのです。

私の知り合いに、夫の浮気が発覚し、「あなたはもっと誠実であるべきだ」「あなたはもっと家族と向き合うべきだ」と夫に言い続けていた人がいます。確かに彼女は間違ったことは言っていません。負い目からか夫もしばらくの間は黙って彼女の話に耳を傾けていたそうです。ところがある日、「いつだって君は正しいよ。でも僕は、そんな君と暮らすのが窮屈なんだ！」と言い返されて、ハッと目が覚めたと言うのです。自分は思うようにならないことに腹を立てているだけなのだと。同時に、そうした愛に欠けた自分の言動が夫にストレスを与え、浮気の原因を生んでしまったのではないかと省みたとのことでした。

このように自分の行動の動機を振り返ることで、現状についてよりクリアに見えてくることがあります。どんなに落胆しても、嘆き悲しむ前に内観してみましょう。あなたの狭い価値観に、他者を無理矢理従わせようとしていませんか？　相手を追い詰めることによって、自分で自分の首を絞めてはいませんか？　そうした人は、家族を信じ、何が起きても黙って見守る勇気を持つことが求められているのです。

ソウル・リフティング
No. 05

落胆の原因は
「こうあるべきだ」と相手に期待をかけるから。
人生は思うようにいかないものだと
悟りましょう。
そして、
「相手のため」という偽善的な心を捨て、
大我で見つめることが大切です

No. 06

「どうせ自分なんて」と諦めていませんか？

先日、ある40代後半の女性と話をしていたら、彼女が「2世帯住宅で同居している姑の自己中心的な行動に辟易している」と言うのです。聞けば、朝夕を問わず、ズカズカと2階で暮らす息子夫婦の家へ入り込み、買い置きしておいた食材やトイレットペーパーなどを勝手に持ち帰ってしまうのだとか。小さなことじゃないかと思う方がいるかもしれませんが、日常のなかで繰り返されているとなれば、それがどんなに大きなストレスとなっているか容易に想像することができます。

そこで私は、「まずはお姑さんに『あると思っていたものがないと困ってしまうこともあるので、せめて一言、声をかけてくださいね～』と軽い感じで伝えてみたらいかがですか？」とアドバイスしてみました。しかし彼女から返ってきた答えは、「言えば気まずくなるだけ。どうせ私なんかが言ったって、姑が聞き入れるはずがない」というものでした。それでいいのなら他人が口出しすることではありませんが、それなら、なぜ彼女はその気持ちを口にしたのでしょう？　それこそが消化できていない証ではないでしょうか。

このように不満があるにもかかわらず、それを自分以外の何かのせいにして諦めている人は大勢います。一見、とても物わかりのよい人のように思われますが、それは自分が犠牲になっているように装いながら、本当は怠惰な自分を認めたくないだけなのではありませんか？「どうせ自分なんか」とか「自分さえ我慢すればよいのだから」といった諦めの言葉の奥には、「ふて腐れた気持ち」が潜んでいると、私は思っています。

けれどよく考えてみてください。問題を誰かのせいにして、ふて腐れていても、物事は何一つ解決しません。それどころか、どんどん気持ちはささくれだち暗くなる一方です。ですから、まずはしっかりと問題と対峙しなければなりません。対峙とは、受け入れること。そうすれば、「私の人生はこんなはずじゃなかったのに」など、最後にもがくこともなくなるのです。

先にお話をした、姑に対する不満を持っている彼女の場合で言えば、まず、お姑さんとの間に問題が生じている事実を受け入れる。その上で、ずっと不満を抱きながら、その気持ちに蓋をしていた自分の怠惰さを認める。感情的ではなく、理性的に考え始めると、あとは自分の心にどう折り合いをつけ、ストレスを緩和するか、という具体的な策を考えられるようになります。

ただし、自分の心持ちを変えることによって、お姑さんの行動が変わるというのではありません。いかに相手が間違っていても、他者を変えることはできない。それでも、被害者意識に苛まれながら「どうせ私なんかが言っても駄目」と思って暮らすのと、「でもいいの。割り切っているから」とサバサバとした気持ちで暮らすのとでは大違い。諦めモードでいるうちは、お姑さんと波長が同じですが、納得してお姑さんの行動を許すことができれば、自分の波長は高まるのです。そしてそれは、また一歩、大我（見返りを求めない愛）に近づいたことを意味します。

人間関係によるストレスを緩和する方策として、私がお勧めしたいのは、華道・草月流の基本となっている「真《しん》・副《そえ》・控《ひかえ》」の教え。これは、真となる中心の花、副・控となる脇を飾る花をきちんと決め全体の調和を取るというもので、人間関係にも応用できます。まず、自分にとって生活で大切なものを考えてみてください。軸が夫婦関係であるならば、そのほかの人間関係は脇役。脇役との関係でストレスを溜めるのは、ばかばかしいと割り切りましょう。常に夫婦関係を中心に物事をとらえ、「自分はどうあるべきか？」と考え言動を決めればよいのです。人間関係で悩む人の多くは、何もかもを真としているケースが珍しくありません。人間関係も生け花と同じく調和を保つことが大切です。

また、諦めには「前向きな諦め」と「後ろ向きな諦め」があることを理解してください。たとえば同窓会で撮った写真を後から見て、若作りをした自分に「イヤだな。ムリな若作りはやめよう」と思ったとしましょう。これは若さに対する諦めですが、前向きな諦め＝見極めだと言えます。若作りと若々しいは違うと気づき、自分の勘違いぶりを受け入れたからこそ、今後は年齢相応な印象を心がけようと前向きな解決方法を見出せ、新たな一歩を踏み出すことができるのです。

一方、「後ろ向きな諦め」の場合は、「どうせ私はオバサンなんだから」とふて腐れ、だらしない服を着る生活に突入してしまう。開き直るだけで問題を棚の上に押し上げて、解決に向けての努力を怠れば、今持っている不満を一生背負って生きていかなくてはいけないのです。

あなたは「後ろ向きな諦め」に支配されて、人生を無駄に過ごしてはいませんか？　この機会に、心に問い直してみてください。

ソウル・リフティング
No. 06

「どうせ自分なんて」
「自分さえ我慢すればよいのだから」
という「諦め」の言葉の奥に潜んでいるのは、
ふて腐れた気持ち。
困難な問題にぶつかったときこそ、
諦めるのではなく、
まず物事を受け入れて内観しましょう

No. 07

〝孤独〟を不幸なことだと思っていませんか？

あなたは孤独を、不幸だとか、みじめだというふうにとらえてはいませんか？　しかし、スピリチュアリズムの観点から見れば、そんなことはありません。むしろ、孤独であるからこその「豊かさ」がたくさんあるのです。

おそらく誰しも、一度や二度、孤独を感じた経験はあると思います。しかし、同じ孤独であっても、どんどんネガティブに考えてしまう人もいれば、前向きに受けとめられる人もいます。たとえば、家族といても孤独感を募らせる人がいる一方で、一人でいても、心豊かに暮らしている人もいます。

前者の場合、実は、周りにいる人と十分なコミュニケーションがとれていなかったり、形ばかりの関係になっていたりするから、孤独を感じてしまうのではないでしょうか。また、人に頼り切ってしまう依存心が強いために、ほどほどの付き合いができず、少しうまくいかないことが起こっただけで、「私は一人ぼっちだ……」と思い詰めてしまうこともあるのです。

「孤独」と「孤立」は別物です。「孤独」は誰もが抱く感情ですが、「孤立」は、コミュニケーションがうまくとれないなどの原因から、自ら作り出してしまう環境のことを言います。

一人でいても寂しさを感じず、それどころか心豊かに自分の人生を謳歌している人は、孤独と遊ぶのが上手な「孤高の人」なのです。この場合、孤立はしていません。一人の時間を大事にし、そのなかで自分を見つめながらも、趣味を広げるなどして、周りの人との調和も大事にしているのです。「孤高」な生き方については『幸せに生きるひとりの法則』（幻冬舎）で詳しく触れていますので、ぜひ、参考になさってください。

かつての相談者のなかには、子どもが自立したあと、心にポッカリと穴が開いてうつ状態になってしまう「空の巣症候群」の方が大勢いました。「自立してくれなければ困るのだから、これでいいのだ」と頭ではわかっていても、「私はこの子のために必死で生きてきたのに、これから何を張り合いにして生きていけばよいのだろう？」と途方に暮れてしまう。なかには「子どもがいない私の人生って何なのだろう？」と自分の存在価値まで疑ってしまう人もいました。

確かにつらいことだろうと思いますが、やはりこの場合、自分で作り出した「孤立」なのだと思うのです。厳しい言い方になりますが、子どもが巣立つ前から、「これからの人生をどう生きるか？」という計画を立ててこなかったことに問題があるのです。本来、子どもと親の人生は別々のものなのですから。

ただ、日本の場合、欧米に比べて「夫婦の絆のもとに子どもが存在している」という認識が薄いため、夫婦関係をおろそかにして、愛情を子どもにだけ注いでしまう傾向があるように感じます。その結果、子どもが巣立ってしまったあとに燃え尽きてしまい、寂しさに襲われてしまうのでしょう。

しかし、この状況をネガティブにとらえる必要はありません。寂しい気持ちを発展させて「孤立」するのではなく、子育てを「卒業」したのだと受けとめてほしいのです。

今度は、あなた自身の人生の第二幕、第三幕が開く番。自分の人生の主役はあくまで自分と自覚し、「個」としての人生を大いに謳歌してほしいのです。心配しなくても大丈夫。孤独は、自立のチャンス。これまで子育てにかけてきた情熱を、あなた自身へ向けていくことは、きっとできるはずです。

「人は一人で生まれ、一人で死んでいく」。よくそういうふうに言う人がいます。それは真理。しかしスピリチュアルな視点で見れば、一人で生きている人など、ただの一人もいないのです。

私たちは霊的世界のなかにグループ・ソウル（類魂）という心の故郷を持っています。そこには「たましいの家族」がいます。たとえ現世での親が早くに亡くなってしまったとしても、「守護霊」というたましいの親が一生見守ってくれていることを忘れてはいけません。どんなにつらいときでも、あなたは一人ではありません。

このことを認識せずにいると、人に自分の気持ちを理解してもらえないと感じたとき、寂しさを通り越して、孤独だと思い込み、さらに自分は誰にも愛されていないのではないかというネガティブな感情に発展させてしまうことがあります。その思い込みは、結果的に「心の誤作動」を起こし、買い物やアルコールにおぼれたり、自暴自棄になったりなど、負のスパイラルに陥ってしまいかねません。

孤独から、逃げないでください。その感情をプラスにとらえるか、マイナスにとらえるかによって、人生は大きく変わります。ネガティブになりがちなときには、孤独を知ることの幸いを思いましょう。人は、孤独を知るから、周りの人にも優しくなれるのです。「大我の愛」に目覚めるためにも、これらは無駄なことではありません。たとえ孤独に思えても、自分から心を閉ざさないこと。それが何よりも大切なことです。

ソウル・リフティング
No. 07

ネガティブな孤独感は
自分の心が生み出すものです。
そもそも孤独＝不幸であると考えるのは間違い。
孤独を感じるから内観するのであり、
愛が芽生えるのだと認識し、
一人の時間を大切にしましょう！

No. 08

「羨ましい」が「悔しい」になっていませんか？

人はさまざまな負の感情を抱くものですが、そのなかでも「嫉妬」ほど複雑な感情はありません。

誰にだって「あの人はいいな」と、他者を羨ましく思うことはあるでしょう。そのときに「私も頑張ろう！」と奮起できれば、それは素晴らしいことです。また、あなたのパートナーが他の異性と楽しそうに話しているのを見て、ヤキモチを焼くのは相手を愛している証拠とも言えます。笑いながらチクリと皮肉を言うくらいで留めておけるのであれば、二人の関係のスパイスとして非常によい効力を発揮することもあるでしょう。

けれど人を羨む気持ちに「悔しい」と思う負の感情が加わり、自分にないものを持っている他者が「憎い」という激しい気持ちに翻弄されてしまうと、冷静さを欠き、結果、他者を批判したり、足を引っ張ったりするような行動をとらずにいられなくなってしまうのです。そればかりか不安や猜疑心をまとった嫉妬の感情は、最悪の場合にはストーカーなどの犯罪にまでつながってしまうこともあります。

私はカウンセリングを通じて、激しい嫉妬心に翻弄され、自分で自分を持て余している人を数多く見てきました。ただ、一口に嫉妬と言ってもその表れ方は人それぞれで、個人差がありますし、男女差もあったように思います。男性の場合はジクジクとして内向的なのに対し、女性の嫉妬は闘争心を生み出す攻撃的な傾向が強いと私は感じています。

ある女性は、中学生の息子さんにつらく当たってしまうという悩みを抱えていました。ちょっとしたことでカッとなり、ときには手が出てしまうこともあると言うのです。

そこで、私は彼女に、「息子さんのどこに不満を感じるのでしょう?」と尋ねてみました。すると「希望していた有名中学校の受験に失敗したのです。もう私には誇れるものがありません」などとおっしゃいます。「誰に対しての誇りなのでしょう?」とさらに掘り下げてみると、「親しいママ友達は、夫が一流企業に勤め、夫の親に買ってもらった立派な戸建てに住んでいます。それに比べ、うちの夫は三流会社勤めで、持ち家もありません。それでも私は息子の成績がいいことで周囲から一目置かれていたんです。それなのに……」と、次々に不満が噴出してくるようでした。

つまり、彼女が息子さんに優しくできない原因は、ママ友達に対する嫉妬。一方的に闘争心を燃やした挙げ句、勝手に敗北感を抱き、やり場のない怒りを息子さんにぶつけていたことが浮かび上がってきたのです。

このように、嫉妬心から家族に当たってしまうのは決してよいことではありません。それに、どんなに羨ましいと思えるような相手にも、人知れぬ苦労もあるのです。人に嫉妬する前に、まず、今ある自分の幸せに目を向けて、気持ちを切り替えていく冷静さこそが必要なのです。

いずれにしても、他者に対して闘争心を抱いたときは、心の奥に嫉妬心があるのではないかと客観的に自己分析する必要があります。そして自分のなかの嫉妬心に気づいたならば、一呼吸置いて、自分は他者の何を羨ましいと感じているのかを分析してみましょう。それによって、実は内心あなたがどんな自分になりたいと望んでいるのかが見えてくるはずです。内観することは、自分を知り、目標を明確にすることにもつながります。

このように嫉妬を感じたときは、ある意味で、自分を変えるチャンスでもあるのです。それなのに、不毛な闘争心を燃やし、エネルギーを消耗することに時間を費やすなんてもったいないと思いませんか？　ぜひとも向上心のほうへと、その情熱とエネルギーを注いでいただきたいと思います。

そもそも人はみな平等です。自分の嫉妬心が抑えられず苦しみのなかにいる人は、周りをしっかりと見つめてください。この世に苦労のない人などいません。他人が羨ましくて仕方がない人は、物質的な華やかさに囚われるあまり、相手の表面的な部分しか見えていないと言えます。その人がどれほどの努力をしてきたか、そのために何を失ったか、この先どんなリスクを背負って生きていかなくてはいけないのかなどを考えれば、闇雲に人を羨ましいと思うことはなくなるでしょう。

また、自分は自分、他人は他人と割り切ることも大切。人はそれぞれの器を持っているのです。向き不向きもありますし、早くから才能を発揮する人もいれば、大器晩成型の人もいるのですから、長い目で人生を見つめなくてはいけません。早急に答えを出そうと、焦ることはありません。嫉妬心をプラスに好転できるか否かは、あなた自身の受けとめ方によって大きく変わってくるのです。

ソウル・リフティング
No. 08

人はみな平等。
この世に苦労のない人などいません。
不毛な闘争心を燃やすのではなく、
そのエネルギーを向上心へと変えていきましょう。
自分は自分、他人は他人と
割り切ることも大切です

No. 09

いつも損得勘定に囚われていませんか？

あなたは打算的な考えに翻弄されていませんか？

打算とは損得勘定で行動すること。物質的な価値を評価する秤で物事を測ってはいけません。けれど、理性を持って自分の人生を見つめ、計画的に算段するのは悪いことではないのです。打算と計算は別モノ。

多くの人は、何かトラブルが起きると、理性ではなく感情で考えてしまうため、打算に流されがちになります。こうした場合、そのときには思いが叶ったかのように見えたとしても、後々、必ず何かしらの歪みが生じるものなのです。

なぜそうなるかをスピリチュアリズムの観点から見ると、いくつかの理由があります。まず、打算的な人には打算的な人しか寄ってこないという「波長の法則」が働くから。次に、自分で蒔いた種は、自分で刈り取るという「因果の法則」によって、相手を利用しようと考える人は、他者にも利用されてしまうからです。

さらに、打算というネガティブな想念に支配されていると、正しい判断ができなくなってしまいます。太陽があっても曇っていると光が注がれないように、ネガティブな想念で心が曇ると、守護霊からのメッセージを受け取ることも難しくなります。

ピンチに陥ったときなどに、あなたへ必要なメッセージがもたらされていても、それに気づけないために、ますますアンラッキーなことが続いてしまうこともあるのです。まるで運に見放されたかのように感じるときは、自分自身の行動や言霊について振り返って、そこに打算的な考えがなかったかをしっかりと見つめ直してください。

もっとも、私利私欲に心を奪われ、打算でしか考えられなくなっていると、「自分が打算的言動をしていること」にさえ気づけない場合があります。たとえば、「一人は寂しいから」とか、「結婚生活を続けているほうが世間体がいいから」といった理由でパートナーと別れないというのも、打算によるもの。けれど、そうした人は、自らの行動を愛ゆえなのだととらえ、別れないことを正当化していたりするのです。それでも、結局は、打算による行動であるため、現実面で、さまざまな問題が起きてしまうことがあります。

かつて、息子さんが引きこもりになってしまったという苦悩を抱えている人がいました。彼女は「どうしてこんなことになってしまったのか？」と嘆くのですが、人生に起こることは、すべて「因縁果《いんねんか》」で、原因があるのです。突然に降りかかることはありません。

この女性の場合、夫婦間の争いで息子さんの心が疲弊しているようでした。そのことをお伝えすると、夫の裏切りが原因で、10年近く家庭内別居の状態だと言うのです。その間、生活費を入れてくれている夫に対しては、いっさい感謝の気持ちを持てなかったばかりか、「夫から生活費をもらい続けることこそが復讐」という言葉が、彼女の口から飛び出したのです。さらに息子が成人するまでは離婚しないと最初から決めていたと言うではありませんか。原因はどうであれ、彼女のほうにも打算的な考え方がなかった、とは言えない状態でした。

自分の立場を守ろうとする保身から、こうした「逃げ」の行動に出てしまう人は少なからずいます。しかし、そこに家族など、愛する人を巻き込んでしまってはいけません。あなたの打算的な行動は、周りの人にも伝わるのです。打算からは、幸せは生まれません。

自分ではそうと気づかないだけで、打算的な心は、とてもネガティブな波長を発しています。先の例のように、10年間も夫を恨み続けながら生きるというのは、本人にとっても家族にとっても本当は苦しいはず。その現実を見ようとせず、経済的な問題や復讐心から打算に走ってしまうなんて、本末転倒ではないでしょうか。

打算に心を曇らせるより、これからの人生をどう生きるかを前向きに計算していくことです。そうすれば、今、何をするべきなのかもおのずと見えてきます。たとえば、専業主婦である女性が離婚したいと思うなら、自活できるだけの仕事を持てるよう何か資格を取得するとか、具体的な方法を模索するでしょう。

たとえ、相手に一方的に非があると感じていても、「復讐したい」と思うこともありません。あなたが裁くことはないのです。人を憎めば、それが因果の種となり、自分もまた新たな問題で苦しむことになってしまいます。ネガティブな想念や欲望を潔く手放し、天に委ねてください。それは勇気のいることかもしれません。けれど、その勇気こそが自分のたましいや大切な人に対する「愛」なのです。今はつらくても、あなたが間違ったことをしていないのであれば、あなたにふさわしい道が見えてきます。

ソウル・リフティング
No. 09

打算が幸せにつながることは絶対にありません。
幸せになりたいと望むなら、
まずはネガティブな想念を手放し、
物事を進めることが大切です。
そのうえで、具体的に計画を立てましょう

No. 10

あなたは現実を受け入れていますか？

人生に「迷い」はつきものです。けれど、問題が起こるたびに迷路にはまり、長い間その苦悩から抜け出せずにいる人が多いように思います。

「迷い」という感情は、自分の置かれている状況を受け入れられないことから生じます。現実を受け入れることができない人は、「でも」「だって」と繰り返すばかりで、なかなか前へ進むことができないのです。

では、なぜ現実を受け入れられないのでしょうか？　それは、決断したことによって傷つきたくない、人からどう思われるかが気になる、といった小我な発想から、物事を冷静に判断できなくなっているからです。

たとえば、同窓会に着ていく服選びといった日常的なことでも迷いは生じるもの。「人に良く見られたい」と周囲の目を気にするがゆえに迷いが生まれるという経験なら、誰にでもあるのではないでしょうか。「迷い」と言っても、さまざまなものがあります。離婚するか否かのように、大きな決断を強いられるものになれば、自分のなかに小我な気持ちがないかどうか、より省みる必要があります。

私はカウンセリングを通じて、「自ら言い出した離婚でしたが、今は後悔しています」と言う人をたくさん見てきました。「自分は配偶者に恵まれずかわいそうだ」という被害者意識に囚われるあまり、自分の本当の望みを見極められないまま、悔しさや怒りといった感情に流されて行動したケースがほとんどでした。

迷う時期というのは、自分自身と向き合う絶好のチャンス。それなのに、迷いに翻弄されて、内観することを避けていては、〝シグナルを判断できないドライバー〟になってしまいます。

一呼吸置いて冷静になり、きちんと自己分析をしたうえで、経済的なことや子どもの問題などに向き合わなければいけません。そして、もし赤信号が出ていると気づいたならストップして青信号に変わるのを待つ理性を備えてほしいのです。

残念ですが、自己分析力のない人は運命を切り替えることがなかなかできません。判断が鈍ると決断を誤り、再び「迷い」が生じる、といった負の連鎖にはまったままの人生を送ることになってしまうからです。

また、「迷い」から抜けることができない人には、自立心が欠落しているケースも少なくありません。

あるとき、私のところにみえた方の相談内容は、「昨年、舅が他界したことから、夫が一人になった母親と同居したいと言い出したのです。しかし、反りが合わない姑と一緒に暮らせる自信がなく、承諾するか迷っています」というものでした。そこで、「同居する自信がないなら、夫の申し出を断る、という発想を持てないのでしょうか?」と尋ねてみました。すると、「断れば夫の親戚から何を言われるかわかりません。それに夫に食べさせてもらっているのに、夫の意に背くことが許されるのかという問題もあります」とおっしゃいます。

この女性は、自分は義母との同居ができないであろうことを見極める自己分析力はあるのですが、自立心が欠如していたため、無理をしてでも物わかりのよい妻であるべきなのではないかと考えているのです。この場合も、自己愛による小我な気持ちに翻弄されているのが、「迷い」の原因。お義母さんと同居は難しいというのが本心ならば、その気持ちを受け入れ、夫ときちんと話し合うべきなのです。結果的に同居を免れなかったとしても、条件などを整理し、納得して同居に踏み切るのと、迷ったままずるずる同居するのとでは雲泥の差があります。

真の責任感とは、決めたことを最後まで貫くことです。仮にうやむやにしたままその場をやりすごせたとしても、結果的にギブアップしてしまったのでは、元も子もありません。優秀なビジネスマンは、仕事を引き受ける前に報酬などのシビアな話を先にして問題をクリアにしておくことを鉄則にしているそうです。そして納得のいくまで条件をすり合わせたうえで、全力を尽くすのです。家庭内の問題も同じ。経済的な理由などから、どうしても同居をしなくてはいけないというケースでも、「迷い」が生じているのなら家族できちんと話し合い、ルールを決めましょう。

世の中には、やってみないとわからないということもたくさんあります。「迷い」をなくすためには、遠回りのようでも行動してみることが一番だというのも事実です。ただし、その場合も、最初に「試しに半年だけやってみて、駄目だったら別の方法を考えたい」といった自分の意思を明確にしておく必要があります。

さて、「迷い」のなかで苦悩しているあなたは、自己分析力と自立心を持って自分自身の人生を生きていると言えますか？　充実した人生に不可欠なのは、一つひとつの問題に対してしっかり腹をくくること。人は自分の意思で決め、覚悟を持って挑んだという自覚があれば、どんな結果であろうと受け入れることができるのです。

ソウル・リフティング
No. 10

「迷い」は自分の置かれている状況を
受け入れられないことから生じます。
心のなかに自己愛が潜んでいないか
省みてください。
必要なのは自己分析力と自立心。
迷ったときは冷静に内観してみましょう

No. 11

何でも先送りにしていませんか？

命には限りがあります。一度きりの人生を豊かなものにするためには、優先順位を意識して生きることが欠かせません。なぜなら人生には、そのときでなくてはできない経験があるからです。

たとえば親孝行。日本に昔から伝わる「親孝行したいときには親はなし」という言葉は、親孝行しようと思った頃には親は他界している、失って初めてありがたみがわかるという意味です。しかし昔に比べて日本人の平均寿命が格段に延びた現代なら、行動力さえあればいくらでも親が生きている間に孝行するチャンスがあるのに、「いつか」「そのうち」と先送りにしていたがために機会を逃してしまった、というケースが多いのではないでしょうか。これは、まさに「怠惰」な証拠。

また、自分という素材を見極められずにいる人もたくさんいるように思います。「はじめに」でもお伝えしたように、大根が天ぷらになろうとしても難しいし、カボチャがいくら頑張ってもおでんのなかでは力を存分に発揮できないのです。自分の才能を生かせる仕事や、自分の学びに合う配偶者を見つけるためには、まず自分がどんな人間であるかを熟知する必要があります。それなのに、自己分析を怠り、安易に未来を選んだ挙げ句、仕事に生き甲斐を見出せない、結婚相手を愛せないなどと不満を募らせている人が大勢いるように思います。

いずれにしても、自分の人生に満足していない人は、ほとんどが「怠惰」な心の持ち主と言えるのではないでしょうか。恋人がいないと嘆く人も、配偶者に理解してもらえないと悶々としている人も、孤独だと言いながら引きこもっている人も、問題を解決するための努力を惜しみ、傷つくのが怖いと行動せずにいる点で共通しています。

話をしていて耳の痛い展開になると「私は馬鹿だから」などと卑下する人がいますが、こういう人も「怠惰」と言えるでしょう。本当に自分が馬鹿だと思うのなら、言い訳をしている間に反省し、克服しようと考えなくてはいけません。同様に「私って××な人だから」というのが口癖の人も要注意。開き直っている場合ではないのです。

スピリチュアリズムでは、この世に生きている人のたましいはみな、みずから望んで生まれてきたととらえています。学びのために現世に生まれることを望んだにもかかわらず、ダラダラと過ごすのは罪。物事がうまく運ばないというのは「怠惰」なことの因果だと言えるでしょう。

そのうえ、人のなかに芽生えた怠惰な心は、放っておけば根を張りコントロールできなくなってしまうのです。それは家の掃除とよく似ています。家の掃除も毎日行っていれば大した労力を必要としませんが、1年に一度だけとなると大仕事。そこで綺麗な家はいつも綺麗、汚い家は汚くなる一方という図式ができ上がってしまうのです。人生も同じ。行動力のある人は、たとえ失敗をしても七転び八起き。学びを得たうえでやり直す心意気があるため、いつかは目的を達成することができますが、「怠惰」という土壌に花が咲くことはありません。

一方、行動力のない人は学びのチャンスを逃し、ギリギリになって一発勝負に出なくてはならないために敗者復活戦に挑む機会もなく、その結果、目的を達成することができないまま不平不満ばかりが募ることになってしまうのです。

掃除と言えば、ある雑誌の「片付けられない人」という特集記事を読んでいて驚いたことがありました。部屋中にゴミが散乱し、足の踏み場もない有り様だという主婦が片付けられない理由として「ボロ家だから片付ける気になれないのです。新居を建てたら片付け上手になる自信があります」と語っていたからです。けれど考えてもみてください。今、ゴミを捨てることさえできない人が、新居に移った途端に片付け上手になるなどということがあるでしょうか?

現実逃避をするのも怠惰な人の特徴の一つです。どんなにボロ家であったとしても、それなりに整理整頓して暮らすことが先決。「思い立ったが吉日」という諺《ことわざ》が示すように、行動すべきことは明日からと言わず、今日実行に移すように心がけましょう。

怠惰な自分を克服すれば、人生はガラリと変わります。なぜなら行動力を持って生きることは、生かされていることに対する感謝の気持ちに通じるからです。誰一人として明日も生きているという保証などありません。それなのに物事を先送りにするというのは、自分に限って突然死ぬなどということはありえないといった傲慢さの表れとも言えるのです。そうした人は、どこかで怠け癖がついてしまっているのです。

もし明日死ぬとしたらダラダラしていることなどできないのではないでしょうか。いつ死んでも思い残すことのないよう、今日を精一杯に生きる。それが私たち一人一人に与えられた使命であるということを忘れないでください。

ソウル・リフティング
No. 11

物事がうまく運ばないのは怠惰なことの因果。
「怠惰」という土壌に
花が咲くことはありません。
いつ死んでも思い残すことがないよう
今日を精一杯生きましょう。
それが私たちに与えられた使命です

No. 12

一つの価値観に囚われていませんか？

あなたは自分のなかの執着心について考えてみたことがありますか？　長年にわたり行ってきた個人カウンセリングでは、思い込みが激しく、頑なになっているケースをたくさん見てきました。

あるとき、「うつ」で悩む男性から、スピリチュアリズムを学ぶことで、うつ病を克服したいと考えていると言われたことがありました。ところが話をしているうちに、彼から「霊にとりつかれているせいで、うつ病になってしまって」という言葉が飛び出し、私は唖然としてしまったのです。私が視たところ、その人が霊に憑依されている様子はありません。彼は霊にとりつかれていると思い込み、自分と向き合うことから逃げているのです。そうである限り、問題を克服することはできません。もちろん、私はその男性にも「霊に憑依されているせいという考えに執着していてはいけませんよ」とお伝えしました。

「憑依だなんて……」と思うかもしれませんが、形は違えど、こうした思い込みや固執は誰にでもあること。決して他人事ではありません。いつの間にかでき上がってしまった自分の価値観に囚われ、正しい道は一つだけだと思い込んではいないでしょうか？
〝ほかにも道がある〟というふうに柔軟に考えられなくなると、心の迷路から抜け出せなくなってしまうこともあります。とはいえ、どういうケースであれ、物事に固執する人にとって、その心を解放するのは、至難の業。「これさえ握っていれば安心できる」という命綱から手を離すようなものなのでしょう。しかし、その価値観を手放さなければ、新しい発想を受け入れる心のスペースは確保できません。しかも、それは怠惰を生み、学びの大きな妨げとなってしまうのです。

たとえば、物質中心主義的価値観。「夫は一流会社に勤める高収入の人が一番」「子どもは名門校に通わせるのがいいに決まっている」などのように、幸せの価値基準をお金やモノなど物質の豊かさで測る人が、現在では多くなりました。しかし、この価値観から心を解き放つことができず、他人と自分を比べてばかりいては、さらなる苦悩を生むことになるのです。なぜなら、地位や名誉や富への欲望は尽きることがないうえに、失うことへの恐怖までも生んでしまうから。スピリチュアリズムにおける現世の幸せとは、失うことの恐れから解放されることにあります。そのためには物質に対する執着心を手放す勇気が必要なのです。

人が執着するのは、何も物質だけではありません。相談者のなかには、会社をリストラされたと恨みを募らせる人や、パートナーに別れを切り出され未練を残したまま一歩も前へ踏み出せない人が大勢いました。「自分がリストラされるはずがない」「パートナーに別れを切り出されるなんてありえない」という考えは、単なる妄想。それなのに、この根拠のない期待や甘えを正当化するから、執着心が生まれるのです。

　自分を守りたいがために、裏切られたことに対する恨みを晴らしたいなどと考えるのは、妄想ばかりが膨らみ、信念がなくなっている状態とも言えるでしょう。

　妄想は自分を正当化するために他者を悪者にしますが、信念は自分自身との対峙です。信念のある人は、自分がどんな状態にあるのかを客観的な視点で見つめられる冷静さを備えているのです。たとえ自分に降りかかった出来事がどんなに理不尽なことであったとしても、いつまでも過去にこだわる人は見苦しいもの。現実を受け入れ、淡々と生きる強さがあれば、運命は必ず好転します。

　物事に区切りをつけるためには決意を言葉にするのが効果的。「もう過去は振り返らない！」「さあ、次に行こう！」と口にすることで、執着心の陰に潜む寂しさへの恐れや後悔、怒りや罪悪感といったネガティブな感情を一掃できるのです。また自分とは違う価値観の人と接し、こういう考え方もあるのかと視野を広げることも大切です。

　ちなみに私は一瞬一瞬をどう生きるか、ということしか考えていません。今を精一杯生きることが、人に与えられた使命だからです。もちろん「ああすればよかった」と思うこともありますが、反省はしても固執しないと決めています。自分の決断には、つねにそのくらいの責任を持って臨むことが大切なのではないでしょうか。

先に、現世での幸せとは、失うことの恐れから解放されることだとお伝えしましたが、肉体は死んでもたましいは永遠であると説くスピリチュアリズムを理解することができれば、長寿であることが幸せというような執着も消え、「死」への恐れもなくなることでしょう。すべての執着を手放せば、たましいは自由になります。そのとき、人は初めて真の幸せを知り、今を生きていることに感謝できるのです。

ソウル・リフティング
No. 12

物質主義的価値観や根拠のない期待、甘えが
執着心を生み出す原因。
自分の考えにしがみつかず、
視野を広げましょう。
そして失うことへの恐れをなくすことが、
真の幸せを手に入れる近道です

No. 13

うわべだけ取り繕っていませんか？

誰だって自分を器以上に見せたいという願望はあります。虚栄心というのは、言ってみれば心の鎧のようなもの。鎧の下に潜んでいるのは劣等感であることが多く、それを隠して自分をよく見せたいという気持ちを抱くのでしょう。

また、「好きな相手を振り向かせたいがために一生懸命頑張る」というように、自分の器以上に〝背のび〟してしまうこともあるでしょう。もっとも、そうした動機があまりに小我（自己中心的）すぎてはいけませんが、本人の向上心につながるのなら、努力をする気持ちを生むこともあります。

ただし、努力の伴わない過度な虚栄心は、人を物質的価値観へと向かわせます。テレビコマーシャルや雑誌を見ていると、「ステイタス」「クラスアップ」「セレブ」などの言葉が頻繁に使われていたりして、物質的な秤で物事を見る人がいまだに多いという証だと感じます。

たとえば、住む地域や夫の会社名、子どもの学校、身につける物などに執拗にこだわってしまう人は、きちんと内観し、冷静さを取り戻す必要があります。「張子の虎は虎にあらず」で、そうした人には自分がないのです。自分の存在を示すために、何かの力に頼らなければならない。もしくは、目に見える物でしか、価値を測ることができない〝お気の毒な人〟であるともいえるでしょう。

さて、あなたはどうでしょうか？　人や物に順位をつけ、本当に大切な人や事柄、真の喜びを与えてくれる時間を見落としてはいませんか？

かつての相談者のなかに、借金をしてまで見栄を張ってしまう自分をどうにかしたいと悩んでいる女性がいました。自分の生活もままならない状況なのに、学生時代の友達や会社の同僚にいつも奢ってしまう、訪問販売の人が訪ねてくると必要もないのにローンを組んで買ってしまう、ブティックで商品を勧められるとノーと言えずカードで買ってしまうというのです。彼女の場合は幼少時代に貧乏でみじめな思いをしたことがトラウマとなっていて、お金のことで人に馬鹿にされたくないという気持ちが過度な虚栄心を生み出す原因となっていました。そうである以上、どれほどお金を使っても根本的な解決にはつながりません。

ではどうすればよいのか。それは自信をつけることです。自分を大きく見せることばかりに気を取られ、虚しい空回りを続けている人は、努力することから逃げ、自分の欠点をインスタントに取り繕おうとしている点が問題なのです。最初は、長編小説を読破することで達成感を得る、フルマラソンを目標に早朝ジョギングをすると決めて継続するなど、小さなことからでいいので、自分のなかの自信を培うことが大切です。

次に必要なのが、コツコツと勉強して資格を取るなど、これだけは誰にも負けないという何かをみつけること。それができれば、「人の目なんか気にする必要はない」と考えられるようになります。「金持ち喧嘩せず」という諺が示すように、心に余裕のある人は、人と自分を比べて競うようなことはしないものだからです。

つまり虚栄心の強い人は、コンプレックスが強く、自意識過剰なところがあるのです。物欲や自慢したい気持ちに翻弄されそうになったら、一呼吸おいて「他人は私のことになど関心はないのだ」と客観的な視点を持つことが大切です。

欠けている部分があってはならないと考える完全主義者も、余計なコンプレックスを抱いてしまいがち。自尊心が強いために、自分の弱さを人に悟られたくないという気持ちが強く、バリアを張ってしまう傾向にあります。けれど何もかも整っている人などいません。

そもそも短所と長所は紙一重。優柔不断ではあるけれど優しいといった具合に、短所だけの人もいなければ長所だけの人も存在しないのです。また結婚しても独身でいても、それぞれにメリットとデメリットがあるように、人生には常に光と影がつきまとうという認識も必要です。自分の生き方に柔軟性を持つよう心がければ、虚栄心を克服することができるでしょう。

ステイタスが好きな人と話しても淡々としていられればよいのですが、「私も頑張らなくちゃ！」などと感化されてしまうようなら、「類は友を呼ぶ」という意味の「波長の法則」

を思い出してください。見栄や虚栄心で結びついた関係は、発展的ではないということがおわかりいただけるでしょう。人にどう思われようと私は自分のスタイルで生きる、という覚悟と責任を持っている人は、自立という素晴らしい財産を持っているために心豊かで輝いています。

人は精神的な幼さを捨て、自立心を養うことでのみ自分らしく生きる自由を手に入れることができるのです。これらをふまえたうえで、他人の幸せを素直に喜ぶことのできる大我な心を育んでいただきたいと思います。

ソウル・リフティング
No. 13

虚栄心の原因はコンプレックス。
過度な見栄は、物質的価値観。
虚勢を張る自分は
本当の自分ではないと認識し、
心の鎧をまとうのではなく、
努力することで何かを成し遂げ
自信をつけましょう

No. 14

許す心を忘れていませんか？

誰かに不愉快なことを言われたり、理不尽なことをされたりしたときに生まれるのが憎しみという感情です。そのような相手に対して怒りを抱き、「許せない！」と思うのも、人の感情としてはある意味で自然なものといえるかもしれません。

しかし、たとえどれほど許せないことがあっても、相手を憎むほうに心を向けてはいけません。なぜなら、相手を憎めば、そのネガティブな想念は必ず自分に返ってくるからです。逆をいえば、他者を誹謗中傷するような人は、負の念を背負うことになるのです。そうしたことを理解せず、相手と同じ土俵に立って憎しみを返せば、負の念を積むだけです。

考えてみてください。「相手を許せない」という気持ちを抱き続けるのも、相当に苦しいことではないでしょうか。心が痛まないはずがありません。時間がかかるかもしれませんが、考え方をこう変えてみてほしいのです。あなたを傷つける人がいるから、あなたは傷つけられた人の気持ちを理解し、優しさを備えることができるのだ、と。

そう考えれば、あなたを苦しめる人は、自ら負の念を背負ってくれる奇特な人だととらえることもできるはず。すぐには納得できなくても、「あなたが苦しめてくれたお陰で成長することができました。ありがとう！」と言える日が来るように心がけることが大切です。

相手をいつまでも許せず、憎しみだけが生きていく原動力なのだ、というふうに、負のスパイラルに入ってしまってからでは遅いのです。あなたの人生の大切な時間を、無駄にしてはいけません。人を憎んだり、許せないという感情に翻弄されたりするほど、空しいことはない。たましいは、本当はそう理解しているのですから。

「罪を憎んで人を憎まず」という言葉がありますが、これはまさに真理です。講演などで「このなかに、これまで一度も人を傷つけたことがないと断言できる人は手を挙げてください」と呼びかけると、会場はシーンと静まり返ってしまいます。しかし、人はみな未熟な存在だからこそ、この世に生まれてきたのです。このことを理解していれば、自分の心を傷つける相手の未熟さをも許すことができるはずです。そしてそれは、憎しみという感情を鎮めることにもつながるでしょう。

以前、交通事故によって、大切な家族の命を奪われたという人がいました。ドライバーを憎んでも憎みきれないとおっしゃる気持ちが痛いほど伝わってきて、厳しいカウンセリングではありました。しかし、霊視すると「もう憎み続けないで」と亡くなった本人が訴えているのが視えたのです。そこで、そのことをお伝えしました。そう、亡くなった方のほうが、残された家族を案じていたのです。自分のことで人を憎み許せない気持ちになっていることに心を痛め、「許すこと」の大切さを訴えてきたのです。

いつまでも相手を許せず、復讐をしようと考えたり、憎しみを抱き続けたりすることで、たましいに平安が訪れるかといったら、そうではないでしょう。そして、そのことは、おそらく、「許せない」という気持ちに囚われている本人もわかっているはずです。

憎しみを手放すのは相手のためではありません。愛する人たちのため、そして自分のために事実を受け入れ、憎しみを手放して低い波長を断ち切らなくては、いつまでたっても運命を切り替えることができないのです。

どんなに憎い相手であっても、あなたがその人を裁く必要などないのです。前述したように「因果の法則」はどんなときにも働いています。道に外れた行いをしたのなら、負の念は返ってきます。ですから、あなたが心を痛め、負の感情に囚われることはないのです。厳しく聞こえるかもしれませんが、怒りを手放せないでいるあいだは、あなた自身の波長も下がっている状態ですから、いつまでたっても、葛藤が続くことになってしまいます。

人は、大なり小なり「許せない」という感情を抱きがち。たとえば、浮気などが原因でパートナーや浮気相手を憎んでいるという相談者も過去には大勢いました。こうした場合、憎しみの対象への怒りが抑えられず、自分自身の心を見つめきれていない場合もありました。自分にも落ち度があったのではないかと内観することがほとんどないのです。

けれど、人間関係においてのトラブルは、フィフティ・フィフティ。他者を憎むのではなく、自分の波長、言動、想いを振り返ることも大切です。その内観なしに、相手だけを憎み続けると、ますます波長が下がってしまいます。冷静な分析をもってしても、「自分に非がない」と思えるなら、あとはただ放念すればいい。それだけのことです。

許せない、という想いに囚われ、かえって心の自由を失ってはいませんか？　苦しくても、現状を受け入れることが、許すための第一歩なのです。

ソウル・リフティング
No. 14

自分を苦しめる人がいるから、
痛みを知り、
人に優しくなれるのだと理解することが大切。
相手に対する憎しみだけに囚われることなく、
つねに自分の波長や言動を振り返る
客観性を持つことも必要です

No. 15

過去をふり返り立ち止まっていませんか？

後悔先に立たず、という諺があります。事が終わったあとで悔やんでも取り返しがつかないという意味ですが、その後に続く解釈には大きく分けてふた通りあるように思います。一つは「だから注意深く行動しなければいけない」というもの。もう一つは「だからクヨクヨしていても仕方がない」という解釈です。

どちらも生きていくうえで大切な教訓ではありますが、失敗のないように石橋を叩いてばかりいても先に進むことはできません。失敗を恐れていると弱い心の隙間に低い波長が入り込んで、できるはずのことができなくなってしまうということも覚えておくとよいでしょう。

よかれと思ってしたことでも、思わぬ失敗を招くことがあります。でも、この世で起こることはすべて必然。その出来事を通じて内観し、忍耐力を養うなど、たましいの成長へとつなげることが求められているのです。いずれにしても人生は予期せぬことの連続であるとあらかじめ腹をくくり、失敗を恐れるのではなく、たとえ転んでもただでは起きない精神力を磨くことが大切です。

一方、クヨクヨしても仕方がないという教訓も、そのまま鵜呑みにしてしまうと学びに欠けてしまいます。あまりに楽天的な人は、せっかくの学びのチャンスを逃している可能性が大きいのです。苦い経験は活かして生きていかなくてはもったいないと思いませんか？

いずれにしても大切なのは、立ち止まらず前進するということです。かつての相談者のなかには、離婚する段になって「仕事を手放さなければよかった」とか「あんな男と結婚しなければよかった」などと嘆くばかりで何年も立ち往生している人が大勢いました。大変厳しい言い方になりますが、そうした人は、口で言うほど追い詰められていないのです。本当に切羽詰まっていたらクヨクヨしている暇などありません。仕事をしなければ家族を養っていけないなら、一刻も早く仕事を探そうと必死になるはず。結婚生活にしても、たとえば夫の暴力に生きた心地がしないという人は、とにかく家を出る算段をしなければと行動に移すはずなのですから。

不満だと言いながら同じ場所にいつまでも留まっていると、波長の高い友達が愛想を尽かして離れていきます。入れ違いに知り合うのはお互いの傷口を舐め合うだけの波長の低い友達。周囲の人がガラリと変わったとき、それが前向きな変化かを理性的に分析しなければなりません。

それにしても、なぜ後悔という感情が生まれるのでしょうか？　それは死を見つめていないからなのではないかと私は考えています。

死を意識して生きることは、貴重な時間を認識して生きること。がんなどで余命を宣告される人に限らず、人は誰もが生まれたときから死に向かっています。生きている時間に限りがあると考えれば、躓くたびに落ち込んでなどいられません。自分は何を目的に生きているのかを明確にし、それに向かってどうするべきなのかと考え、先を急がなくては、すぐにお迎えが来てしまいます。

死と向き合うことは、今をどう生きるのかを考えることでもあります。ナーバスになるのは考えものですが、ここではぜひ、あと1年しか生きられないとしたら？　と想像してみてください。

会いたい人に会っておこうと考える人もいるでしょう。現世で出会えた喜びを伝え、誤解があれば解いておきたい、詫びるべきことは詫びておきたいと思うことでしょう。離婚を考えていたパートナーがかけがえのない存在であることに気づき、自分の態度を改めようと決意する人もいるかもしれません。また、仕事やお金の問題など身辺整理をしなくてはと一念発起する人もいるはず。

このように今の自分ができることは何かと考えるとき、そこには見栄を張っている余裕も、嘘の入り込む余地も、過ぎたことを思い悩む暇もありません。まっすぐな心で前を見据えて生きていく。人は本来、そうあらねばならないのです。生かされていることに感謝してください。不幸の数を数えるのではなく、幸せの数を数えて生きていくことこそが運命を味方にして素晴らしい人生を送るコツなのです。

また、たましいを向上させるためには、自分の犯した過ちに対して、反省は必要ですが、いつまでも後悔はしないと決めることが大切。反省とは、理性を持って自分の何がいけなかったのかを分析すること。後悔は感情です。理性で生きることが、いかに重要かを理解してください。

遠回りをしたり、振り出しに戻ったり。けれど人生に無駄は一つもありません。人はさまざまな経験のなかで相手の気持ちを察する想像力を養ったり、自分の器を知ったりなどの学びを得るもの。失敗は成功の始まりであり、苦しい経験はやがて訪れる喜びの前兆です。試練のときこそ学びのチャンスだととらえ、素直な心で前向きに生きていきましょう。

ソウル・リフティング
No. 15

転ばぬ先の杖を用意するより、
転んでもただでは起きない精神性を
身につけましょう。
たましいを向上させるためには、
反省は必要ですが、
いつまでも後悔はしないと
決めることが大切です

No. 16

どんなときも冷静に考えて行動していますか？

私は仕事柄、取材を受ける機会が多いのですが、あるとき、取材スタートの時間ギリギリに飛び込んできた編集者がいました。きっと必死に走ってきたのでしょう。肩で息をしながら「すみません！　電車に乗り遅れてしまいまして」と謝りつつ、慌ただしくコートを脱ぎ、取材道具を取り出すために鞄のなかをゴソゴソと引っ掻き回すなど、なんとも落ち着きません。そのうえ、「資料を忘れてきてしまったようです。どうしよう！」と大慌て。「焦っていたものですから」というのが彼女の言い分でしたが理由になりません。なぜ焦るはめになったかといえば、タイムマネージメントをする計画性がないからです。

急いては事を仕損ずるという言葉のとおり、急いで物事を進めると、思わぬトラブルを招いてしまうこともあるのです。仕事などにおいては、計画性のなさによる準備不足は、せっかくのチャンスを逃してしまうことにもなりかねません。

身近なことでいえば、引っ越しなどもそう。かつての相談者のなかに、思いつきでパッと物件を決めてしまい、購入した物件が欠陥住宅だったと嘆いている人がいました。もちろん欠陥住宅など存在してはならないのですが、買うほうももう少し物件についての情報を仕入れたり、不動産について勉強していたりすれば免れたことかもしれないと私は思います。家は人生のなかでもっとも高い買い物。スーパーで野菜を買うのとは違うのですから、慎重の上に慎重でなくてはいけなかったのです。

また、引っ越したいと思うのに、よい物件が見つからないのですと悩んでいる人もいました。けれどうまくいくときにはトントン拍子に話が進むもの。何らかのトラブルによって計画がスムーズに進まないのは、「まだ機が熟していませんよ」というメッセージであると受けとめ、タイミングを見計らう必要があります。これは、転職や結婚も同じです。それなのに多くの人は〝時機〟を待つということができず、その結果、人生の流れに逆らって、しなくてもよい苦労を背負いこんでしまいます。

タイミングを冷静に見極められない原因は、何でしょうか。たとえば、隣の家が新居を建てたのだから、わが家も負けてはいられない、いつまでも独身でいて寂しい人だと思われたくないなどといった虚栄ではないでしょうか。これは物質主義的価値観に囚われて、物事の本質を見失っている証拠。心当たりのある人もいるのではと思います。

私は講演などで、現代人は〝インスタント脳〟であるとよく話しています。インスタント食品やコンビニエンスストア、ファストフード店の影響で、いつでもどこでもスピーディーで手軽に願いが叶うことが当たり前だと考えている人が多いように思うからです。けれど、欲しいものは今すぐ欲しい、やりたいことは今すぐやりたい、白黒はっきりさせずにはいられないというのは、実はわがまま。どんなことにもタイミングはありますし、何でも「早ければいい」というものではありません。

とはいえ、ただぼんやりと機が熟すのを待っていましょうと言っているのでもありません。先ほどお話ししたように、いざというときに焦らないためには計画性を持って準備しておく必要があります。

たとえば、年齢的な焦りなどから、駆け込みで結婚したはいいけれど、準備不足だったために家事が満足にできない、といった状態ではあとが大変です。結婚したいのならなおさら、独身の間にしかできない経験を積んだり、自分を磨く努力をしたりすることが大切です。そうした準備もせずに、夢だけを追って結婚するのは、計画性不足です。

反対に、離婚するにしても、心の準備が必要。感情にまかせて家を飛び出すのは得策ではありません。行動に移すのは、どこに住み、どうやって生きていくのかを算段してからでも遅くないはず。感情を捨て、理性を持って行動することが未来の幸せを決めるのです。

ここに挙げた例に限らず、何をするにもどうしても気が急いてしまうという人は、『うさぎとかめ』の噺をもう一度読んでみてはいかがですか？　うさぎはよいスタートを切って、グングンかめを引き離し、もう抜かれる心配はないだろうと一休み。ところがかめはスローペースであっても諦めずに歩みを続け、ついにはうさぎを追い抜いてゴールを果たします。

この諺には、かめのようにコツコツと努力を積み重ねることが大切であるという教訓が込められているのです。

人生も同じ。目的を定め、確実に達成するためには、どんな努力が必要なのかを冷静に考えることが必要です。感情で突っ走れば軌道修正するのによけいに時間がかかります。何事も綿密な計画を練り、客観的な視点を持って臨むことが大切です。計画は途中で見直してもいいのですから、まず青写真を描き、自分のペースで一歩ずつ確実に歩んでいくことこそが、幸せへの道なのです。

ソウル・リフティング
No. 16

焦りは計画性のなさから生まれます。
できることとできないことの見極めをすること。
そして目的達成のためには、
どんな努力が必要かを冷静に考え、
マイペースで一歩ずつ歩んでいきましょう

No. 17

言い訳がましく生きていませんか？

ダイエットをしようと決めたのに間食をしてしまった。節約しなければいけないのに衝動買いをしてしまったなど、誰しも自分に甘くなってしまうときはあるものです。けれど、してしまったことの尻拭いは自分でしなければいけません。覚悟がないまま気分に流されて行動し、後悔しきり。それでいて、「だって美味しそうだったから」「つい魔が差して」などと言い訳を口にするというのは、自分に甘い証拠ではないでしょうか。

私はこれまで、「楽をして儲けるのはズルいことだと知りながら儲け話に乗り、騙されたと嘆く人」や、「人を恨むのは愚かなことだとわかりながら元夫を恨み続け、結果的に離婚のダメージから抜けられずにいる人」など、さまざまな悩みを抱える人を大勢見てきました。なかには、「友達の恋人を奪ってしまい、強い罪悪感を抱いています」「堕胎をしてしまったという罪悪感から逃れることができません」といった悩みを抱えている人も少なくありませんでした。厳しいようですが、罪悪感を抱いているというのも言い訳にすぎません。

すべては、自らが蒔いた種なのではないでしょうか。偶然そのような出来事が起きたのではなく、「因・縁・果」があったはずです。自分にも原因がある、という理解があれば、罪悪感を言い訳にすることはないように思います。冷静に考えれば、あなたが罪悪感を抱いたからといって状況は変わらないことは自明の理でしょう。このことからもわかるように、罪悪感は結局のところ、自分への免罪符にすぎないのではないでしょうか。少しでも罪を軽くしたいという横着な考えの表れであるともいえるのです。

もし、友達の恋人を奪って悪いと思っているのであれば、潔くその恋人と別れるという選択をするとか、あるいは友情を続けられないことはいたしかたないことと受け入れ、傷つけた相手への償いの気持ちを持ち続けるくらいの覚悟もできるはずです。また、堕胎したことを後悔しているのなら、子どもへの謝罪の気持ちを一生涯心に秘めて生きていくこともできるでしょう。けれど、多くの場合、そうした発想を持つことのほうが少なく、「のど元過ぎれば熱さ忘れる」になっているように感じます。どんな言い訳をして忘れようとしても、あるいは自己を正当化しようとしても、自ら蒔いた種は自分で刈り取ることになるという意味の「因果の法則」は、必ず働くのです。

「罪悪感に苛まれている」などという言葉を発するくらいなら、内観を通して、自分の行いを省みて、「十字架を背負って生きていくのだ」と覚悟を決めるほうが、よほど前向きです。といって私は、自分を責め、クヨクヨしながら生きることをすすめているわけではありません。大切なのは謙虚に生きていこうと腹をくくること。その覚悟は人に公言するようなものではなく、日々の暮らしのなかで淡々と実行することでのみ示すものです。

こんな話を聞いたことがあります。あるボランティアをしている女性が、本当に熱心に病気の方々のお世話をしているのだそうです。彼女は常に笑顔を忘れず、ムードメーカーであるばかりか、患者さんの下の世話などを率先してやるので、周りの方が「本当にあなたの働きには頭が下がる。どうしてそこまで頑張れるのか」と尋ねてみたそうです。すると、その女性は「人には誰にも言えない過去があるのよ」とだけ答えたのだとか。具体的なことはわかりませんが、何がしかの十字架を背負って生きているのではないか、と私は感じました。この女性のように、心のうちに深い想いを抱えながら生きている人は、たくさんおられると思います。本当に内観を深めて自らを見つめたならば、あれこれと言い訳を並べたりはしないのでしょう。言い訳は、いうなれば「逃げ」なのです。

さだまさしさんの「償い」という歌をご存じでしょうか？　交通事故で人の命を奪ってしまった男性の生きる姿が描かれています。彼は刑務所で罪を償い、出所したあとも被害者の家族に仕送りを続けるため、過去を隠して必死で働くのです。長い年月を経てやがて報われる日を迎えるのですが、この歌を聴けば、心の底から自分を省みている人は、言葉ではなく、行動で示しているということがわかるでしょう。人はいくらでもきれいごとを言えます。言い訳もできます。でも、行動を伴わないことはみな、「嘘」なのです。

私は講演などで、シンプルに生きることが幸せの第一歩であるとお伝えしています。人の心を傷つけるのはいけないことだから思いやりを持って行動するというように、「正しい道」はとてもシンプルなのです。

自分の人生から逃げず、真摯に向き合う覚悟があれば、とりかえしのつかないことなど一つもありません。運命は自分の手で築くものなのです。

ソウル・リフティング
No. 17

罪悪感を抱いています、というのは
言い訳にすぎません。
悪いことをしたと本当に悔いているのなら
二度としないと心に誓い、
生き方を変えることが大切です。
言い訳をせず、行動で示しましょう

第2章

不幸になる人の法則10

第1章では、人が持つ負の感情と、そのコントロール法についてお話ししてきました。

本章では、私が15年にわたり個人カウンセリングを行ってきた経験を通じて確信していることをご紹介します。それは、不幸になる人には共通項があるというもの。大きく分類したところ、10の法則にまとめることができました。

①物質主義的価値観の人
②人と自分を比べる人
③怠惰な人
④愛情のない人
⑤中途半端に幸せな人
⑥魔法が好きな人
⑦心配性の人
⑧暗い人
⑨考えない人
⑩祈らない人

相談にみえた方々は、このなかの一つだけではなく、複数の項目を併せ持っている人がほとんどでした。具体例を挙げてみましょう。

「家族思いで子煩悩な夫への気持ちがどんどん冷めていきます。パートナーへの愛情が冷めていくのは、なぜでしょうか？　これも結婚生活における忍耐と考えるべきなのでしょうか？」という相談者の場合、私はこう分析します。

「恋愛は感性の学び、結婚は絆の学びです。そんなことも知らずに結婚に飛び込んで夢ばかり見ているというのは⑨に当てはまり、考えない人、想像力のない人であるといえます。それから④。愛のない人は感謝できない。それゆえに幸せになれないのです。そのうえ、この方は⑤にも当てはまるのでしょう。中途半端に幸せだから妙な欲が出てしまうのです。③の怠惰であることも苦悩を生んでいます。不満があるなら話し合わなくては。努力もせず『結婚は忍耐ですか？』だなんて……。本心からつらいと思うなら離婚という選択肢もあるのにそうしないのは、世間体を気にしてのことなのでしょうか？　もし、そうだとしたら①にも当てはまります」

この相談者に限らず、不幸の数ばかり数えて苦悩している人が本当に多いのですが、幸せは心の持ち方次第だということに気づけば、人生は変わります。

このように悩みを分析していけば、「不幸になる人の法則」に陥っていることに気づく人も多いはず。より深く自己分析をしていただけるよう、一つひとつの法則を掘り下げてみましょう。

法則 1

物質主義的価値観の人

物質主義的価値観というと、お金に対して強欲な人やブランド物に固執することだととらえる人が多いかもしれません。しかし、それだけではありません。たとえば寿命にこだわるのも、それにあたります。大切なのは長く生きることではなく、いかに心を込めて生きるかです。

恋人を失いたくない一心で相手を束縛する人もまた、物質主義的価値観の持ち主といえるでしょう。本当の愛なら、彼が別れを切り出したとしても、彼の本意を汲み取り大我な愛で受けとめられるはず。自分が寂しいから、体裁が悪いからなどといった自己中心的な感情は、物質主義的価値観にほかならないのです。

過去の相談では、「この人と結婚してもよいでしょうか?」というものが山ほどありました。高学歴だから、高収入だからといった条件で相手を選んでいるなら要注意。女性であるなら、夫となる人に生活力があるかどうかを見極めることは大切ですが、長い結婚生活のなかでは、何が起こるかわかりません。夫が突然リストラされたり、勤めている会社が倒産してしまったりするかもしれないのです。そこで私は常に、「大切なのは、この人とならどんな苦労にも耐えていける、という愛と覚悟です」とお伝えしてきました。

それでも、「夫が病気になってしまったのですが、離婚するべきでしょうか?」などと切り出す相談者が少なくなかったのです。これを言い換えると「私は健康で仕事のできる人と結婚したのだから、病気になってしまった夫は契約違反だ」ということ。これこそ物質的契約夫婦の悲劇です。これまでのところでお伝えしたように、スピリチュアルに見れば結婚は忍耐の学び。そのチャンスを与えられているのに、本人は気づいていないのです。そもそも、たましいが成長するために必要な学びだから試練が与えられるのです。離婚をしたところで、いずれまた違う形で忍耐を強いられることになります。

また跡継ぎ問題で悩んでいる人も大勢いました。特に多かったのが「古くから続く家業をなんとか息子にも継いでもらわないと困るのですが、本人にやる気がなくて」といったものでした。けれど、血がつながっているからといって、子どもが同じ職業をする資質を継いでいるとは一概に言えません。

そのうえ、子どもは親の所有物ではありません。親の思いどおりに育てたいという物質主義的価値観による子育ては、子どもの心を疲弊させてしまうだけです。子育てはボランティア。子どもが親を必要とする12歳くらいまでの間に愛を存分に注ぎ、礼儀作法を教えたら、あとは自立を促し、どんな大人になるのかを楽しみにしながら見守る。その大我な愛が子どもののびやかで、何事にも負けない強いたましいを育むのです。

とはいえ、問題はその相談者個人の考え方を正せばよいという単純なものでないということ。多くの人が嫁ぎ先の家族から、「嫁の育て方が悪いから」と言われて、プレッシャーに押しつぶされそうになっていたのです。そこで私は「まず、あなた自身のトラウマを克服する必要があります」とお伝えしてきました。つまり周りの感情に惑わされず、自分に自信を持つ強さを備えることが先決なのです。そのためには「誰に何を言われようと明るい家庭を作ろう！」といった自分なりの指針を掲げることが必要だと思います。

苦悩は、財産や地位や名誉、健康、そして愛する人など、持っているものを手放したくないという固執から生まれます。しかし勇気を出して手放せば、何が本当の幸せであるかが見えてくるはず。それは自己愛を捨て去り、利他愛を実践することにつながるからです。

果たして、あなたは物質主義的価値観に翻弄されていないと言い切れますか？

法則2

人と自分を比べる人

これまでにもお伝えしてきましたが、人の悩みは十人十色です。私がこれまでに受けた相談内容を大きく分類しただけでも、男女関係、仕事に関するもの、パートナーの浮気や嫁姑問題などにおける不安や不満。受験や進路を巡る子どもとの軋轢、自分や家族の病気、親の介護。そして経済的な問題と多岐にわたります。さらに、同じ種類の問題であっても、それぞれの環境や性質によって事情が異なるため、その内容は細分化していきます。

けれど、ある時点で私は、どんな種類の悩みにも共通点があることに気づいたのです。たとえば結婚相手が見つからないと悩んでいる人の多くは、「友達のなかで私だけが取り残されていくようで焦ってしまいます」と嘆く。また離婚の危機に直面している人は口を揃えたように「どの家庭も安泰なのに……」と言います。「私だけが」「どの家庭も」というセリフは他者との比較のなかからしか生まれません。もうおわかりですね？　不幸だと嘆く人はみな、自分と他者を比べて、いたずらに悲愴感を募らせているのが一つの特徴なのです。

しかも多くの場合、友人関係や近隣といった範囲での比較でしかない。身近な世界だけを基準にして自分の幸せを測るなんて、厳しいことを言うようですが、視野が狭いのです。ところが多くの人が「隣の芝は青く見える症候群」に陥っているのが現状です。あなたの悩みも人との対比によって肥大化しているのではありませんか？

急激な不景気に見舞われた現代の日本には、「お金があったら、どんなにいいか」と考え、

「どうしたらいいだろうか？」と深刻に悩んでいる人も大勢いることでしょう。常に支払いのことで頭がいっぱいだということになれば、「お金持ちはいいな」と思ってしまうのも無理はないかもしれません。けれど、そこから先に続く「それに比べて自分は……」という発想は意味のないこと。自分を卑下したところで何の解決にもつながらないのですから。

第一、そうした人たちは、想像力が欠落しています。お金持ちであれば幸せだというのは、あまりにも短絡的。過去の相談者には莫大な親の遺産を巡ってきょうだいで骨肉の争いとなり、孤独感に打ちひしがれている人もいました。お金持ちはお金では解決することのできない試練を通して学ぶこともあり、結局、人はみな平等なのです。こうした話はこれまでにも幾度も繰り返してきましたが、いざ自分のこととなると、冷静さを欠いてしまう人が非常に多いのです。

また、私は書籍などを通じて、「あの人はいいな」と思うのなら、その人の苦労の部分まで請け負う覚悟が必要ですと説いています。離婚に悩む相談者のなかには、「老夫婦が手をつないで歩いているのを見ると羨ましくて」と言いながら号泣する人もいました。しかし試練のない結婚生活はありません。その老夫婦にしても、長い結婚生活のなかでさまざまな苦労を経ているはず。もしかすると夫の浮気が発覚して修羅場を迎えた時期だってあったかもしれないのです。私の知る限りでいえば、さまざまな苦難をともに乗り越えた夫婦ほど「人生の戦友」としての絆が強く、晩年は仲睦まじく暮らしています。

誰の人生にも、よいときもあれば悪いときもあるのです。たとえ今が苦しくても、それは、「今が試練のとき」だからなのであって、永遠に続くわけではないと、人生を長い目で見つめる余裕を持つことが大切です。また、人はみな宿命が違うのだから、他者は自分と比べる対象ではないのだと悟る聡明さが必要です。比べてよいのは過去の自分と現在の自分だけ。喜怒哀楽を経て、以前よりたましいが成長していると感じたなら、それこそが大きな収穫であると認識し、自分に誇りを持ってください。

自分は自分、人は人。スロースターターであっても、自分の素材を生かし淡々と歩み続ける人は、大輪の花を咲かせることができます。下積み生活のなかで、試練という名の肥料を存分に貯えているのですから。一方、不幸になる人は他者と自分を比較したうえで、自分は駄目だと努力をせずに諦めて、停滞しているのです。

人と自分を比べる暇があるなら、読書や映画鑑賞などを通して感性を磨くなど、物事を大局的に見るための知性を養いましょう。

法則 3

怠惰な人

「怠惰」という文字を見て、「自分には関係ない。だって私は家事をきちんとこなしているもの」とか「毎日きちんと職場に通い、仕事をこなしている」などと思っている人がいるかもしれません。しかし、そういう方にこそ、この内容を熟読してほしいのです。なぜなら、働き者のなかにも「怠惰」な思考回路の持ち主は大勢いるからです。

　問題を抱え、苦悩から抜けられない人の特徴の一つに、〝何でも他者のせいにする〟ことが挙げられます。かつての相談者のなかには、自分の人生がうまくいかないのは親のせいだととらえている人が目立ちました。条件のよい仕事に就くことができず転職を繰り返している人が、「家が貧乏だったので学費を出してもらえず、大学に進学することができなかった。だから自分はろくな仕事に就くことができない」とうなだれる姿や、「好きな人がいるが、親の反対にあい結婚できない」と涙ながらに訴える方を、私は幾度となく目の当たりにしてきたのです。

　しかし、考えてもみてください。大学は若いときにしか行けないわけではありません。学歴コンプレックスがあるのなら、社会人になりお金を貯めて自力で大学へ進学すればよいではありませんか。また、結婚にしても、自分が選んだパートナーを心から大切だと思えるなら、親の意見に翻弄されることもないはず。このように自分の悩みの原因を、自分以外のせいにしている人は、怠惰なばかりか、自分の人生に責任を持つ覚悟がない人とも言えるのです。

いずれにしても、人生がうまく運ばないことを誰かのせいにしたところで事態は好転しません。それればかりか、人生の流れが停滞してしまい、せっかくの好機を逃してしまうことにもつながります。自ら努力することを放棄してしまうと波長も下がり、いつもため息をついているような結果になるのです。

いつ、いかなるときでも、自分の人生を切りひらくのは自分自身。たとえ失敗しても、自分の決めたことなら納得もできますし、結果をバネにして頑張ることもできるでしょう。問題を誰かのせいにしていたら、いつまでも解決することはないのだと、気づくことが大切です。

最近では、「不況だから仕事がうまくいかない」とか「経済的に追い詰められて夫婦仲が悪くなった」などという問題を抱える人も多くなりました。確かに厳しい時代ではありますが、かといって何もかも不況のせいにしているのはいかがなものでしょうか。

不景気でも、さまざまな工夫で業績を伸ばしている企業はあります。また、収入が減ったからこそ家族が協力し合うようになり、絆が深まったという家庭もあるでしょう。もし、夫の稼ぎが悪くなったから家庭不和になったという家庭があるなら、その家族にはもともと愛が欠けていたのです。

世の中で起こる出来事には、すべて光と闇があります。たとえば離婚することで、孤独にはなりますが、同時にバリバリ仕事をしたり、新しい恋愛をしたりする自由を獲得できる。このように何でも受けとめ方次第で、気持ちや立ち位置は変わるのです。つまり、今の自分にできることに注目して前へ進むことが幸せを手に入れるコツ。不景気という試練にしても、お金がないのであれば、ないなりの生活を楽しめばよいのです。

試練のときこそ、何かのせいにして逃げるのではなく、自分の心を見つめてください。そして自分の何を改善すればいいのかについて、じっくりと考えてみましょう。発想を転換すればいくらでも幸せになることができるのですから、「怠惰」な心を捨てて、自分の人生に向き合っていくことが重要です。

もともと人生はうまくいかないこと、ままならないことの繰り返しです。それは、ある意味幸せなことでもあるのです。スピリチュアルな視点で見れば、現世での試練はたましいを磨くための磨き砂。乗り越えられない課題を与えられることはないのですから、まずは現実を受け入れる。そのうえで、どんな問題にも真摯に立ち向かえば、解決策は見えてきます。

自分の置かれている状況をただ嘆き、夢も希望もないと本気で考えている人がいたなら、それは自分の人生から逃げている「怠惰さ」の表れです。問題を解決できないことに対する言い訳ばかりしてはいませんか？

法則4

愛情のない人

不幸になる人には愛情のない人が多い、と言われると、「それだけは大丈夫」と思う方も大勢いらっしゃるのではないでしょうか？

確かに多くの女性が犠牲的な精神を備えています。「糟糠の妻」という言葉があるように、貧しい時代から陰になり日向となって夫を支え続ける妻の愛、自分の欲しいものを我慢しても子どもに不憫な思いをさせたくないと考える母の愛……。女性のこうした大我な心は何ものにも代えがたいほど尊いものです。

けれど、その想いが強いあまり、愛情の押し売りをしている人が目立つのも事実。愛しい人の気持ちや立場、タイミングを考えず、自分がよいと思うからといって、闇雲に事を進めていませんか？　もしそうなら、それは愛情ではなく、おせっかい。せっかくの尊い気持ちも空回りしてしまいます。感謝されないばかりか迷惑だと反発を買う結果になってしまうことも珍しくないのです。

過去の相談者のなかにも人間関係がうまくいかないという苦悩を抱えて、私のもとにみえる方がたくさんいました。特に多かったのが、家族間の問題。夫の事業がうまくいかない、息子に勉強する意欲がない、娘が条件のよくない相手と結婚したいと言い出したなど、その内容はさまざまですが、どの方も口を揃えて「私は子どものためを思って口うるさく言うのですが、その気持ちがなぜ伝わらないのでしょう？」と嘆くのでした。

もちろん相手のためを思ってというのも真実だと思います。でも本当にそれだけでしょうか？　私が受けた相談に限って申し上げれば、一見、大我な気持ち100パーセントに見える心の底に、自分の思い通りにしたいという支配欲を秘めている人がほとんどだったのです。夫の事業がうまくいってくれなくては困る、息子を一流大学に入れることが夢だ、娘には条件のいい人と結婚してもらわないと世間体が悪いなどと考え、思うようにいかないとイライラしている。そんな様子が見えれば、「あなたのことを愛しているからこそ言うのよ」という気持ちであっても、そのなかに〝小我〟がこもっていることは伝わってしまいます。

もう一つ、女性は優しい気持ちを溢れるほど持っているのに、惜しいなと感じる点があります。それは、せっかくの愛情を恩に着せてしまうケースがあること。「困っている恋人にお金を貸したのに、彼はほかに好きな女性ができたから別れてほしいというのです。冗談じゃない。せめてお金だけでも取り返したいのですが……」という相談もありました。やりきれない気持ちも理解できないわけではありませんが、そういう方に対して私は「なぜ貸したのか、その動機を分析していますか？」と尋ねていました。

なぜなら小我な気持ちでお金を貸してしまうことは愛情に欠けた行為だから。相手のためにならないと思ったら断ることも愛です。気持ちを引き留めたいとか、さらに愛されたいと見返りを求めるなど、根底に小我な気持ちがあるときは、「波長の法則」で、小我な人を引き寄せてしまいます。相手のことを真剣に考え、「あげた」と思えるくらい無償の愛で助けるなら、本人の責任において貸してもいいでしょう。けれどそうではなく、「嫌われたくないから」という想いや、恩に着せる気持ちがあるならば、相手ではなく自分を愛しているということの表れなのです。

また、苦悩を抱えて相談に来られた方が一番苦労している人だととらえられがちですが、よくよく話を聞いてみると、実はその当人こそがトラブルメーカーであるという場合も多いもの。物事がうまく運ばないのには必ず原因があるのです。もしかしたら自分の愛情は相手にとって重いのではないか、自己中心的な発想に陥っているのではないかと、冷静になって内観してみることが重要です。自らの動機を見極め、大我な視点に立ちましょう。大切な人に与えようと用意した〝転ばぬ先の杖〟は、本当に相手のためですか？

真の愛とは「やってあげる」という能動的なものではなく、「相手を尊重する」という献身であることを忘れてはいけません。あなたの心は忍耐という名の愛を備えているといえるでしょうか?

法則 5

中途半端に幸せな人

過去に行っていた個人カウンセリングのなかで、私が「これは深刻な悩みだな」と受けとめた相談内容は、正直なところ、ほんの一握りでした。もちろん、みなさんそれぞれに悩みを抱えて相談に来られるのですが、大変失礼ながら、実はまだ余裕のある相談であったり、物質的な欲求を満たすための相談内容が多かったのです。ある意味、暇があるから悩んでしまうのかもしれません。

人間、暇でいいことなど一つもありません。時間を持て余していると、わざわざ厄介なことに首をつっこんで傷ついたり、人が何気なく言った言葉について考えすぎてしまったり……。そうした方々を目の当たりにしているうちに、いつしか私は、本当の意味で不幸なのは、このように時間を持て余し中途半端に幸せな人なのだと確信するに至ったのです。

時間があればあるほど、なぜか物事をマイナスに考えてしまう気質の人が多いように思います。読者のみなさんのなかにも、そんな〝マゾ気質〟というか、ネガティブ思考に陥りやすい人がいるのではありませんか？　テレビの占いを観て「今日はツイてない！」とドンヨリしてしまう。不愉快な思いをしたくないのなら観なければいいのに、「星座占いがダメなら血液型占いだ」と深追いをした挙げ句、「血液型占いも最悪だった」と肩を落として貴重な一日を台無しにしてしまう。でも果たして仕事で多忙を極めていたりする人が、そうしたささいなことに翻弄されるでしょうか？

占いに一喜一憂している程度なら笑い話で済みます。けれど相談者のなかには、夫はいい人だけど、男として物足りないからといって浮気に走る主婦や、子どもは元気が一番と口では言いながら、有名学校に入れたいと躍起になって勉強させる人がいました。それでいて、浮気がバレて離婚の危機に晒されたり、子どもが受験ノイローゼになったりなど意に反する結果を迎えると、自分が悲劇のヒロインだと勘違いしてしまうのですから、本当に手に負えません。

かつて、私が出演したオペラ『ヘンゼルとグレーテル』の主題は、「苦しみの最も深いときに神は御手を差し伸べたもう」というものでした。これは、「自らの行動を省みて、小我の気持ちを手放し、できうる限りの努力を積めば、太陽の光の妨げとなっていた負の想念が消え、正しい道をみつけられる」というスピリチュアリズムの真理にもつながります。

このことからもわかるように、本当に苦悩している人は、私欲や小我などに囚われることなく、とにかくがむしゃらに行動していくものです。ですから、あれもこれも手放したくないけれど、自分の思うように事を進めたいと悶々とするのは、苦悩ではなく単なるわがままであるということを理解してください。

また、中途半端に幸せな人は、人の優しさや親切が心に響かないという特徴があります。「余裕のあるときに奢ってもらったものの味は忘れてしまうけれど、苦しいときに奢ってもらったものの味は一生忘れない」という話を聞いたことがありますが、まさにその通り。自分が恵まれていることに気づけず感謝できないことこそが、不幸だといえるのです。

法則 6

魔法が好きな人

私がスピリチュアル・カウンセラーとして活動を始めてから、約30年の年月が流れました。これまでに80を超える本を出版し、テレビや数多くの講演、雑誌での連載や対談などを通して、スピリチュアリズムの真理をご理解いただけるように励んできたつもりです。

その成果でしょうか、近頃では「スピリチュアル」という言葉が、日本人の生活のなかにすっかり定着したように思います。私自身、「霊能者」という言葉を「スピリチュアル・カウンセラー」と置き換えてお伝えするなど、オドロオドロしいイメージを払拭する工夫をしてきましたから、感慨もひとしおです。

けれど、ここへきて「スピリチュアル」という言葉だけが独り歩きしていることに、危惧を深めているのも事実です。なかでもスピリチュアリズムと占いを混同している人が目立ちます。私がお伝えしたいのは、あくまでも、この世を生き抜くための人生哲学。ですから、「彼と結婚すれば幸せになれるでしょうか？」というような相談には、「運命は自分で作るものですから、幸せになれるよう努力しなければいけないのです」としかお答えできません。

過去の相談者のなかには、占い感覚で私のところへ来られる方も大勢いました。「結婚すべきです！」とか「結婚はやめたほうがいいですよ」と迷いを打ち消す言葉を期待していらした方にとって、「大切なのは自己責任のもとに生きることです」といった私の返答は物足りなかったのでしょう。なかには、「高いお金を支払って、お説教されちゃった」などと言ってお帰りになる方もいらっしゃいました。

また、私の話にじっくりと耳を傾け「本当にそうですね」と涙ながらに深く頷く人であっても、ピント外れなことをおっしゃるケースも数多くありました。

たとえば息子が引きこもっているという悩みを抱えた相談者に、「面倒を見る親がいるから引きこもりになるのです。本当に息子さんのことを思うのであれば突き放すことも必要です」と申し上げたところ、その相談者は「私が改心すれば息子は働き始めてくれるのですね？　それはいつ頃でしょうか？」などと矢継ぎ早に質問してくるといった具合。よほど苦しんでおられるのでしょう。解決を急ぎたい気持ちは痛いほどわかります。しかしながら、問題解決の時期を特定することはできません。すべては、相談者や周りの人の言動しだいだからです。

皆さんにご理解いただきたいのは、霊視というのはいわば、〝レントゲン〟のようなものだということ。霊視によって現状や背景などが浮き彫りになりますが、それだけで状況が改善するわけではありません。霊視で視えたことをもとに、カウンセリングを行う。その両方が問題解決のためには必要なのです。私は、カウンセリングにおいては、個々の相談者に寄り添いながら問題を見つめてきましたが、それでもやはり、次のような質問をする人が多かったのです。

一つは、「彼と結婚してもいいでしょうか？」「転職してもよいでしょうか？」といった、失敗を怖がる「傷つきたくない症候群」ともいえる人たちです。そして、もう一つは、「いつ息子の引きこもりが直りますか?」「どうすれば夫の浮気グセが直りますか?」といった質問にみられる、「インスタント脳」の人たちです。

そうした人たちは、スピリチュアルなことをまるで「魔法」か何かのように思い、奇跡が起こるのを期待しているのかもしれません。けれども、私は魔法使いではありませんし、スピリチュアリズムは夢を叶える〝魔法の杖〟ではないのです。私は講演などでも「これからは、スピリチュアリズムの〝実践〟の時代だ」とお話ししています。方法論として「ただ知っている」だけではなく、日常生活や人生のなかでいかに生かしていけるかこそが、重要なのです。

そもそも人の心は、「こうしなさい」と他者から指南されたとおりにすれば結果が出るといった単純なものではありません。自分で変えていこうとしないかぎりは、改善はしないのです。人はみな、試練を乗り越えることでたましいを成熟させていくもの。苦難を恐れたり、スピリチュアルな事柄をただ〝魔法〟のようにとらえて依存したりすることのないようにしましょう。

法則7

心配性の人

みなさんは「ビュリダンのロバ」をご存じでしょうか？　これはビュリダンというフランスの哲学者が作った行動学に関するたとえ話で、こんな内容です。

あるとき、お腹を空かせたロバがトボトボと歩いていました。しばらくすると、ロバは左右に分かれた岐路にぶつかりました。それぞれの道には、同じ距離のところに、同じ量の干し草の山があるではありませんか。喜んだロバは、「さぁ、どちらに行こうか？」と迷い始めてしまったのです。考え続け、気づいたら朝を迎えていたロバは、結局どちらも選ぶことができずに餓死してしまいました。

いかがですか？　どっちでもいいから食べてしまえばよかったのにと思いますよね？　ところが過去の相談者のなかには、「ビュリダンのロバ状態」の人が驚くほど大勢いたのです。

たとえば離婚問題。夫の浮気で離婚を考えているという内容の相談が数多くありました。ある女性の場合、夫を霊視したところ、奥さんを大切に思っているのに、子どもにかかりきりで、かまってもらえないから寂しいと感じているのが視えました。聞けば「夫も反省しているようです」とおっしゃるので、「もう一度やり直してみたらいかがですか？」とアドバイスをしたのです。それなのに彼女は、「でもまた浮気をされたらどうしましょう」などと迷ってばかりで、決心ができませんでした。そして1年後にも2年後にも相談にみえたのですが、状況は変わらないまま。そればかりか悶々として過ごしていたため、体調を崩したり……と、不幸の種は増えていく一方だったのです。

もしも相談に来られた最初の頃に、「また浮気をされてしまうかもしれないけれど、そのときはそのときのこと」と腹をくくり、気持ちを前向きに切り替えていたら、その後の未来は違う展開を迎えていたことでしょう。このように心配性が過ぎると、自ら不幸を招いてしまうのです。

つらいことを経験すると、そのことがトラウマとなり、二度と同じ失敗はしたくないと身構えてしまいがちですが、実際は、やってみなくてはわからないことばかり。ですから、根拠のない心配は悪い妄想にすぎません。

しかも、Aという道を選んでもBという道を選んでも、メリットもあればデメリットもあるのですから、極端な話、AでもBでも大差はないのかもしれません。大事なのは気持ちを切り替えて前を向いて進むこと。そして、責任主体で選び、進むことです。勇気を出して一歩踏み出せば、失敗したとしても逆転のチャンスは巡ってきます。けれど、道を選択できずに停滞すれば、人生がストップしたままになります。

問題は、どうやって心配を取り除くかです。ここで思い出していただきたいのが、自分の蒔いた種は自分で刈り取ることになるという意味の「因果の法則」です。

良いことも悪いことも因果の法則。人間には、その人に必要なことしか起きないのです。アサガオの種を蒔いたのにドクダミが生えてきてしまったということはないし、カサブランカが咲いてしまうこともありません。

現実問題に置き換えて考えてみれば、人に親切にすれば親切が返ってくる。人を悪く言えば自分も同じ思いをする。夫の浮気問題にしても、過ぎてしまったことに固執して夫につらく当たれば夫の心は離れていく一方ですが、過ぎたことは忘れて前向きに生きていこうと気持ちを切り替えれば、状況も変わるでしょう。

つまり、どうしようどうしようと考えている暇があったら、良い種を蒔けばいいのです。取り越し苦労という言葉がありますが、素敵な結婚相手と巡り合えるかしら？　などと心配しても意味がありません。自分の人格を磨く努力をしていれば、必ずふさわしい相手と巡り合えます。同様に、リストラされたらどうしようと心配するより、資格を取得したり、目の前にある仕事に懸命に取り組んだりする向上心を持つことのほうが大切なのです。

心配性の人の人生は、「町を歩いていて上から看板が落ちてきて死んだらどうしよう」と、妄想を募らせて家に引きこもってしまうようなもの。でも、何も経験せずにいたら、天寿をまっとうしたとしても、死に際に「私の人生は充実していた」と思えるのでしょうか？　さて、あなたは一度きりの人生を心配ばかりして無駄にしますか？ それとも行動力を持って有意義に生きますか？

法則 8

暗い人

「心配性の人」についてお話ししました。それに連動しているのが「暗い人」。そうは言っても悩みがあれば気持ちも沈むわよ、という声が聞こえてきそうですが、だからといって暗い顔をしていても苦悩から解き放たれるわけではありません。そればかりか暗い波長は不幸を招く原因にもなり、負のパワーを増幅させてしまうのです。

「波長の法則」により、明るい人は明るい人を呼び、前向きな意見を聞く機会に恵まれます。また明るい人は魅力的なので、人が大勢寄ってくるということもあるでしょう。さまざまな人と接し、いろいろな話を聞くうちに世界が広がり、苦しいのは自分だけではないことに気づくことができます。きっとクヨクヨしていることが馬鹿馬鹿しく思えてくるはずです。

一方、悲観的な人のところには、負の想念に反応し、物事をネガティブにしか考えられない人などが集まりやすくなるのです。しかし、傷口の舐め合いは負のスパイラルに陥ることになりかねません。

また、何か問題が起こったとき、「絶対に許さない！」「復讐してやりたい！」などといった感情に溺れてしまう人もいるかもしれません。けれども、理性を失っているときは正しい判断もできなくなってしまいますから、注意が必要です。極端な話、「死にたい、死にたい」と思っていると、その想念に、自殺した人の霊が「だったら一緒に実行しようよ」と二人羽織のように重なって、自殺へと誘われるケースも少なくないのです。ですから、「死にたい」という考えが浮かんだら、ただちに「やっぱり生きたい！」と撤回しなければいけません。

「死にたい」と思い詰めるに至るまで、鬱々と悩む人も多いのが現実です。人に相談したり、話をするだけでもずいぶんと気が楽になるのに、自分から内にこもって余計にコミュニケーション不全に陥ってしまうのです。私は講演会などで「試練に遭遇したら10人に話しましょう」と呼びかけています。たいていの場合、５人くらいに話したら悩んでいることに飽きてきます。悩みを言語化していくうちに自己分析ができ、心の折り合いをつけることもできるでしょう。

いつも明るい人のことを、ただヘラヘラしているだけだなどと軽く見る人もいるようですが、それは違います。真の明るさは強さの表れ。常に笑顔を絶やさない人は、周囲の人を苦しめまいと気遣う大我の持ち主なのです。

逆に暗い顔をしている人は、自分のことしか考えていない人と言えます。自分がどれだけ苦しいのかを理解してもらいたいという甘えが先行し、周囲の人に対する思いやりが欠落しているのです。

そもそも笑いがないというのは想像力がないことを意味します。たとえばストレスから過食に走り、恐ろしい形相で肉まんを頬張る自分の姿を想像してみてください。そのときは感情的になっているため必死でも、冷静に考えると滑稽で思わず笑ってしまうのではないでしょうか？　このように客観的に自分を見つめる心のゆとりさえあれば、事実を事実としてとらえるに留まり、深刻化に歯止めをかけることができるのです。

かつての相談者のなかにも挨拶さえできず、終始うなだれている人が少なからずいました。それでいて「どうして私には恋人ができないのでしょう？」などと切り出すのです。私が、「もう少し明るくしてみてはどうでしょうか」とアドバイスすると、そういう人に限って「おとなしい女性が好きだという男性もいますよね」などとおっしゃいます。けれど、おとなしい人と暗い人は違います。

あるとき、時期を同じくして「私はどうして結婚できないのでしょうか？」という悩みを抱えた二人の女性が相談にみえたことがありました。A子さんはメソメソしていましたが、

B子さんは明るいキャラクターの持ち主。相談に来られてから2年経ったある日、町でバッタリと会ったB子さんはベビーカーを押しながら「先生のおかげで幸せになれました」と声をかけてくださったのです。その頃、A子さんからは「次のお見合いこそうまくいきますでしょうか?」といった内容の相談を受けたばかりでした。こうした例は数え切れないほどあります。私が明るさ=厄払いであると確信している所以です。

笑う門には福来る。この諺はスピリチュアリズムの観点から見ても真理ですが、福が来たから笑うのではありません。ポジティブな想念が福を呼び寄せるのだということを、心に刻んでいただきたいと思います。

法則 9

考えない人

自分が不幸だと嘆いている人にはいくつかの特徴がありますが、その代表的なものに、論理的でないということが挙げられます。

過去の相談者のなかには、「自分の子どもが、ほかの子をイジメている」という苦悩を抱え、私のもとを訪れる人が少なくありませんでした。一方で、「子どもがイジメにあっている」という悩みを抱えて来られる人も大勢いたのです。両者の悩みは対照的ですが、互いに「どうしたらいいのかわかりません。友だちの選び方が悪かったのでしょうか……」などと嘆くばかりで、まるで他人事のような口調であることに、私はいつも首を傾げていました。解決策を他者に委ねるだけで、自分自身で考えあぐねたうえで相談にいらした、というケースは少なかったように思います。

これまでにも何度もお話ししていますが、試練には意味があるのです。それをただ「災い」ととらえるか、現世で取り組むべきカリキュラム、課題だと認識するかで、見方がまったく違ってきます。私たちは、それぞれに課題をクリアするために、現世に生まれてきました。それは「愛を知る」ということかもしれませんし、「謙虚さを学ぶ」ということかもしれません。家族の起こす問題など、自分以外のことで謝罪する経験をする人は、現世でのカリキュラムのなかに「謙虚さを学ぶ」という課題があったりもします。ですから、試練をネガティブなものとして受けとめるのではなく、その意味を考えることが、何よりも大切なのです。

かつて行っていた個人カウンセリングには、自分なりに原因を見つめたいというよりは、すぐさま解決方法を知りたい、という考えを持ってこられる方が多かったように思います。

あるいは、前世やオーラの色について興味を持っている人も多くいました。それを知ったところで、問題がたちどころに解決するということはないのは言うまでもありません。私が個人カウンセリングを休止したのは、自ら考えようとしない人があまりにも多かったからなのです。

自分の前世を知り、現世の課題がわかったからといって、試練を乗り越えるために必要なことを考えなくては、事態はまったく変わりません。逆に言えば、前世など知らなくても、前向きな気持ちで人生に果敢に挑めば、たくさんの経験を通して自分に必要な学びが見えてくるということ。子どもがイジメてしまった場合にも、「自分の接し方や家庭環境に問題があるのでは？」と、親自ら分析することが大切です。「考える」というのは、悩むということではありません。何か問題が起きたなら、その原因を客観的に見つめることが一番大事なのです。

不幸から脱出できる人と不幸のなかにどっぷりと浸ったままになってしまう人の違いは、知性を備えているか否かです。

前者が試練を乗り越えるためにはどうすればよいかと考え、本を読んだり人の話を聞いたりしながら活路を見出すのに比べ、後者は他力本願で誰かが救いの手を差し伸べてくれるのを待っているだけ。不幸から脱することのできる人は、感情をまじえずに己の置かれている状況を冷静に見極めることができるのです。

私はカウンセリングを通して、多くの人を見てきましたが、考えない人は決まって結果を焦ります。けれど、するべきこともせずに幸せになりたいと望むのは横着だとは思いませんか?

「人事を尽くして天命を待つ」という言葉がありますが、自分のできることをすべてやったと言えるほど努力を重ねていれば、あとは天に委ねようと腹をくくることもできます。

それに、冷静に分析することを習慣づければ、多少のことでは動じない強さが生まれます。物事を俯瞰して見ることができるので、問題点や改善点も自ずとわかるようになるでしょう。冷静さを失わなければ、次第に波長も上がって、少しずつ運気を回復していくこともできます。

確かに、人にはバイオリズムがあります。けれども、不運のときに泣いたり、嘆いたり、ふて腐れているだけでは幸運は巡ってきません。不運のときは人生の作戦タイムだととらえ、じっくりと内観することが大切です。

法則 10

祈らない人

あなたの不幸の種は何ですか？

リストラや減給などによる経済的な問題を抱えている方も多いのではないかと思います。そのことが原因の一つとなり、家族がうつになってしまった、または、夫婦仲がギクシャクしてしまったと、心を悩ませている人もいるでしょう。

このように一口に試練といっても、その内容は人それぞれ。しかしながら、過去の相談などをみても、試練を苦難だと受けとめていた人のほうが多かったように思います。

「どうして私がこんな思いをしなければならないの？　何も悪いことをしてないのに……」などと嘆き、「困ったときの神頼み」とばかりに、お墓参りをしたり、祈禱を受けたりするケースもありました。藁にもすがりたいという気持ちは、わからなくもありません。けれども、どうしてその試練が自分のもとにやってきたのか、客観的に見つめる視点を持たなければ、いつまでたっても、被害者意識から抜け出すことはできないのです。

神様に祈ったところで、そうした分析や反省、つまり「内観」なしに、状況が変わることなどありません。どんなに厳しく思える状況も、それはあなたが成長するために出会っている試練だからです。

悩みにもいろいろなケースがありますが、たとえば、借金の悩みを抱えている人がいたとしましょう。資金繰りに奔走する生活から逃れたい一心で、「助けてください」と神に手を合わせていた。そうしたところ、偶然、親が肩代わりしてくれる運びとなった。けれど、「これで救われた」と短絡的にとらえていては、喉元過ぎれば熱さを忘れるといった具合に、同じ過ちを繰り返すことになりかねません。

大切なのは、なぜ借金をしてしまったのだろう？　と自己分析し、今後はどう改めるべきかを考えること。根本的な心の問題は他力本願では解決しないのです。自分の行いには、責任がある。そのことを重々心得ておくべきです。仮にその借金が、私欲を満たすためではなく、「経営が苦しくてやむをえず……」といったような場合でも、事業に無計画なところはなかったかなど、よくよく見直す必要があります。原因なくして起きることはこの世にはないのです。

「祈り」というと、困ったときに行う行為のように思えるかもしれませんが、そうではありません。たとえば、「将来こういうふうになりたい」と夢を抱いている場合に、「どうか叶いますように」と祈ることもあるでしょう。ただ、このときに大事なのは、その夢が果たして自分の器に合うのかを見極めることです。

極端な例ですが、今私が「アイドル歌手になれますように」と神頼みをするとしたら、「アイドルは難しいんじゃないの？」という意見のほうが多いと思います。要するに、自分自身の器や状況を冷静に分析せず行う「祈り」は、たとえどんなに努力しても、叶わないことのほうが多いのです。

しかし、それは単純に「叶わなかった」と嘆くことでもありません。うまくいかない、という現実を突きつけられることは、「ほかの道がありますよ」という軌道修正をはかるための〝メッセージ〟が同時にもたらされているということなのですから。

もちろん、私は祈ること自体を否定しているのではありません。むしろ祈りは大切なもの。祈りとは、本来、内観することです。自分と向き合い、できることとできないことを見極める。また、現実を受け入れる冷静さを備えるために祈るのです。そして、自分の進むべき道を決めたなら、「そのことに向かって努力します」と神に誓う。それこそが「祈り」なのだと私は考えています。

困ったときだけ、思いついたときだけ……というのは本当の祈りではありません。たとえば世界平和を願うのは立派なことですが、その祈りが続かないというのであれば、厳しいけれど、それは本心からのものではなく偽善といえるでしょう。

自分を見つめるための祈りは、運気の良いときも悪いときも怠ってはいけないのです。「不幸だ」と我が身を嘆きたくなるときでさえ、祈りを忘れないでください。内観して、客観的な視点を持てるようになれば、感情よりも理性で物事を判断できるようになるでしょう。

そうすれば、どんな試練にも動じなくなります。一度きりの人生を存分に輝かせるためにも、不幸よりも幸せの数を数えて、生き抜いてください。

第3章

幸せに
生きるための
10の心構え

多くの日本人にとって、経済的にも精神的にも苦しいことの多い、厳しい時代となりました。しかしだからと言って、闇雲に不安がったり、嘆いたりしていても事態は改善しません。まずは、この世で起きている現実を直視し、受け入れてほしいのです。そして、この苦難のなかにこそ、尊い学びが潜んでいると考えてみてはいかがでしょうか?

経済危機は物質中心主義的価値観をひきずる現代人に対する、天からのビックリ水のようなもの。試練はすべて愛の鞭なのです。現実に起きていることには意味があり、私たちが現世で果たす課題と密接な関係にある。越えられない試練が与えられることはありません。今は、この試練にどんな学びがあるのだろう? と内観することが求められています。苦しいときこそ原点に戻り、一人一人が物事に対する価値観を見直し、行動を改めることが大切です。ここでは、そのためのヒントにしていただきたい10の心構えをご紹介しましょう。

No. 01

感情に流されず理性で考える

あなたは「苦境は苦しいものだ」と思い込んではいませんか？　けれど冷静に考えてみてください。苦境とは、苦しみの最中ではなく、境目のこと。つまり苦境に立たされている今をどう乗り切るかが問題。現状から学びを得て果敢に人生に挑むか、投げやりになって本格的な苦難を迎えるかで、その後は大きく変わってしまうのです。

私には15年にわたる個人カウンセリングを通じて確信していることがあります。それはつらいことがあると男性は逃避し、女性は感情的になる傾向が強いということです。逃げるというのは弱さの表れ。それに比べて女性は強さを備えているといえるのですが、それだけに負の感情に翻弄され、根本的な解決策を見出そうという発想へと至るまでに時間がかかりやすい一面があります。

人生の苦境と受験勉強はよく似ていますが、「勉強はつらい」「合格できるか不安だ」とグチを言っていても誰も助けてはくれません。だからといって投げやりになったり、ヒステリーを起こしたりしても、解決につながるというものではありません。ここで大切なのは、目的を達成するために、理性的になり、コツコツと努力を重ねるしかないのだと悟ることです。

では理性とは何かといえば、物事を分析する心の余裕のこと。たとえば、喧嘩は感情にまかせてするものですが、感情を相手にぶつけても、さらに激しい感情が返ってくるだけです。逆に理性を持って相手の言葉を静かに受けとめ、「なぜ、この人はこんなことを言うのだろう?」と相手の気持ちを分析し、理解することができれば、解決策を見出すこともできるでしょう。苦境を乗り越えるのに感情はいりません。必要なのは理性だけ。感情を理性へと切り替える聡明さを備えることが大切なのです。

何度も繰り返すようですが、現状が厳しいのなら、まず現実を受け入れ、自分の何が悪いのか? 自分はどうしたいのか? そのためにはどうすればいいのか? といった内観を通して自分の素材を把握し、改めて自分なりの人生の目標を定める必要があります。人生のどんな試練にも解決策があり、それを自ら見出す過程に学びがあるのです。

No. 02

小我ではなく、大我を育む

スピリチュアリズムでは、愛には2種類あると考えています。見返りを求めない「大我」と、自己中心的な「小我」です。私たちのたましいの故郷である霊的世界では、自分も他人もなく、たましいは一つ。そこには大我が満ち溢れています。けれど、現世に生まれると、たましいが個々の肉体に分かれて宿り、自分と他者という区別ができるため、エゴ＝小我が生まれてしまうのです。

小我な心の表れは、「ケチである」とか、「意地が悪い」「人を蹴落としてでも出世したい」といったわかりやすいケースばかりではありません。自分では「大我」だと信じ込んでいる場合も多いものです。

たとえば、人から「お金を貸してほしい」と頼まれたとき、お金を貸してあげたほうが一見「大我」に見えるかもしれません。しかし、これはケースバイケースで、お金を貸すことで甘えさせてしまうなど、相手のためにならないなら、あえて貸さないほうが「大我」です。それで「薄情だ」と思われても、「大我」なら気にはなりませんし、もし貸すとしても、「必要と判断して貸したお金はあげたも同然」と思えます。このように、常に相手を思って行動できるのが、「大我」です。

反対に「小我」は、「断ってケチだと思われたくない」といった〝自分中心〟の視点にとどまります。「貸したお金が戻ってこない」と悶々としてしまう人も、結局心のどこかに

「いい人と思われたい」という小我な動機が潜んでいたということ。小我は感情的なものであるのに対し、大我はいたって理性的です。

人は小我から大我へと成長することを目的として現世に生まれ、他者との切磋琢磨を通じて愛を学び、たましいを向上させながら生きています。ですので、最初から大我だけの人は存在しません。この世に生きる誰もが未熟なのだと認識し、行動を起こす前には「それは大我か、小我か？」と自問自答することを心がけましょう。

本当の幸せとは、苦難のないことではなく、死の恐怖、物質や出世への執着をなくし、失うことの恐れから自由になることです。そのためには、他人もみな家族であるという「グループ・ソウル（類魂）の法則」を理解して、あなた自身が小我から脱却すること。そして「大我」に目覚めることが、自分のたましいの向上につながるのだと考えて行動しましょう。こうしたスピリチュアリズムの真理を知ると、苦難は〝苦〟ではなくなります。試練を乗り越えることこそが、たましいを磨くのだと理解できるからです。

No.03

自分の真・副・控を明確にする

華道の流派の一つである草月流では、まず主軸となる「真」を、次にそれを引き立てるための「副」を、最後に全体を統一するための「控」を生けることが調和のとれた作品の基本であるとしています。人生もこれと同じ。何が自分にとっての「真」で、どの部分が「副」で、何を「控」ととらえるのかが定まっていなければ、心の整理がつかず、人生の迷路にはまってしまうのです。

私がさまざまな相談者とのカウンセリングを通して得た確信の一つに、苦難に直面したとき、女性は混乱しやすい傾向を持っているということがあります。たとえば「近所の人とゴミ出しのことで揉め、夜も眠れません」という相談を受けたことがありました。なぜ悩んでいるのかといえば、「自分はルールを守っているのに文句を言われて悔しい」という意地と「いい人でありたい」という思いの板ばさみになっているから。けれどゴミ問題は、意地を貫かなければいけないほど人生の大切な部分なのでしょうか？　家族と心穏やかに過ごすことが人生の「真」であると自覚していたなら、それ以外のことは譲歩して、近所との摩擦を和らげるほうが得策だと気づくことができるのです。

お姑さんとの折り合いが悪い、子どもの巣立ちで喪失感を味わっているなど、さまざまな悩みがあると思いますが、問題を抱えて立ち往生している人は「自分にとっての真は何か？」と考えてみてください。「真」は「夫婦の絆」であると定めたら、お姑さんも、子どもも人生の「副」か「控」に過ぎないのですから、そのことに必要以上に振り回されることはないととらえ、夫婦の絆を深めることに主眼を置けばよいのです。

何が自分の「真」であるのかがわからないという人もいます。しかし、そうした人は心を込めて生きていない証拠。自分と真剣に向き合い、ここだけは譲れないという人生の「真」を明確にすることで、生きる力が湧いてくることでしょう。

No. 04

よい音霊、言霊を使う

心地よい音楽や言葉には、善いエナジーが宿っています。ところが昨今、「不況」「不景気」という文字が新聞や雑誌などに大きく躍るようになりました。マスコミは真実を伝え、警告を発することが使命ではありますが、「百年に一度の大不況」などと人びとの不安を煽るニュースを連発するのはやり過ぎかもしれません。負の言葉を使えば使うほど、負のパワーが広がり、ネガティブな事態を招いてしまいかねないからです。

同様に私たちが発する言葉に対しても、それぞれが責任を持つ必要があります。負の言葉を発したら「でも大丈夫」とポジティブな言葉で締めくくり、負のパワーを封印するよう心がけてください。

そもそも言葉は、発した人の心を映し出すもの。丁寧な言葉で話す人は心が穏やかですが、汚い言葉を発する人は心も荒れています。よく「自分はなぜ理解されないのだろう?」と悩んでいる人がいますが、それは言葉足らずなのです。口下手でも、お腹から声を出し、きちんとした言葉で冷静に自分の心のうちを話せば、必ず真意は伝わります。

夫や子どもなど、大切な人を苦境から救うのも言葉です。「いってらっしゃい」はお守り、「おかえりなさい」はお祓いという具合に、何気ない日常の挨拶のなかにも、音霊・言霊の力が宿っています。「ありがとう」「ごめんなさい」といった挨拶こそが、自分は家族に大切にされているという信頼関係を揺るぎのないものへと導き、厳しい状況を克服する勇気へとつながるのです。

いずれにしても、不況に怯えているうちは苦境を乗り越えることはできません。真の幸せは物質的な豊かさなどではなく、コミュニケーションを通じて人間らしい心を取り戻すことにあるのだと軌道修正することがポイントです。相手の気持ちを感じ取り、自分の気持ちを正確に伝えるためには、言葉に敏感であることが不可欠。読書や映画、舞台鑑賞、コンサートなどを通して感性を磨くとともに、ボキャブラリーを増やしましょう。

No. 05

天職と適職のバランスを保つ

仕事には自分の才能を生かして食べていくための適職と、天から授かった自分のたましいを喜ばせるための天職があります。

たとえばある女性にとって、報酬を得る会社勤めは適職。それ以外にボランティアだけど、好きなフラワーアレンジメントを皆に教えている、などというのが天職。結果的にお金を生むことはあっても、天職はお金が目的ではなく、自分が好きなことや、人に喜んでもらえることを優先した仕事でなくてはいけません。

ともすると適職一筋になってしまいがちですが、それでは何かトラブルが起きたときに八方塞がりになりかねません。天職を持つことで、自分の世界を広げ、いろいろな人と触れ合うことができれば、世界が広がり、迷路から脱出するための活路を見出すこともできる。つまり天職と適職の両方をバランスよく持つことで、人生はより充実したものとなるのです。

世の中には、やりたいことを仕事にしてイキイキと働いている人を見て、適職を嫌い、自分の天職だけで生きたいと考える人も多いようですが、天職と適職が一致している人はほとんどいません。それどころか、昨今では適職があることに感謝しなくてはいけないのではないでしょうか? 仕事を失うかもしれないという危機に直面し、必死になっている人もいるはず。順調にいっていたときには気づかなかったことに目が行き、さまざまな反省や感謝の念が湧いてくるでしょう。

仕事をする目的は、人間関係を通してたましいを磨き、不本意な出来事などを通して「自分の思うようにはならないのだ」と忍耐を学ぶことにあるのですから、どんな仕事をしていようと学びはたくさんあります。汗水流して頑張っている人にとって、適職は聖職。どんな仕事、どんなポジションであっても、プライドを持って働くという心意気で臨んでいただきたいと思います。

No. 06

子どもたちに愛のある教育を与える

私たちが苦境に立たされているのは、景気の問題だけではありません。いじめ、ニート、引きこもり、頻発する少年犯罪の数々。日本の未来を担う若者たちの心が曇っているのです。この問題について、早急に手を打たなくては、日本に明るい未来は望めないかもしれません。鍵を握るのは教育。人は愛の充電不足から心の誤作動を起こすと、「真」＝何が正しきことか、「善」＝何が善きことか、「美」＝何が美しきことか、がわからなくなってしまいます。

ところが戦後の高度成長とともに、すべての価値判断の基準が、お金や物質的な豊かさになってしまった日本では、子育てさえも物質主義的価値観で行うようになってしまいました。「あなたのためよ」と言いながら、子どもにはその意思がないのに、子どもを有名校に入れようと必死になる親は、その実、自分の見栄や虚栄心に動かされていないでしょうか？　そうした親に育てられた子どもは、愛のこもった教育を知らずに育ち、「真善美」がわからないまま「自分さえ良ければいい」「バレなければ何をしてもいい」と考える大人へと成長してしまうこともあるのです。

「真善美」を育むために、今できる具体的な教育は、もっと多くの芸術に触れさせること。たとえば、私たちは美しい音楽や絵画などに触れると感動を覚えます。それは「真善美」が神のエナジーだから。映画や舞台を観ながら登場人物に感情移入して涙を流すのも、本を読んで感銘を受けるのも、私たちが神の子どもであることを物語っているのです。

子どもたちのなかの「真善美」を目覚めさせるためにも、まず大人が物質主義的価値観を拭い去り、芸術の大切さを認識しなければなりません。そして、子どもに無限の愛を注ぎ、「真善美」に触れさせる機会を作りましょう。

No. 07

すべての物事に感謝と愛を示す

現代社会が抱える最大の闇は、経済危機でも雇用不安でもなく、愛が軽んじられていることです。〝飽食〟から〝崩食〟の時代へと突き進んでしまったのは、豊かであることに対する感謝を忘れ、仕事に対する愛、食べ物に対する愛、衣服に対する愛などを失ってしまったためではないでしょうか。

もちろん人に対しても。たとえば最近「婚活」（結婚活動の略）という言葉をよく耳にします。結婚という運命は自分で切りひらくもの。私も自著などで、「結婚したいのなら引きこもっていてはいけません」と申し上げていますので、結婚を目指して活動することに異議はありません。けれど学歴や職場、年収などの条件に固執して結婚相手を選ぶ依存体質の女性たちが、いまだに大勢いるのだという事実には疑問を抱いてしまいます。

もっといえば、そうした人びとが求めているのは、結婚相手ではなく何不自由なく物質を与えてくれた親の代わり。けれど夫は親ほど甘くはありません。夫の経済が立ち行かなくなることだってあると思います。苦難のときを一緒に乗り越え、絆を深めていくことが結婚の目的ですが、その覚悟はあるのでしょうか？　そもそも結婚したいのに出会いがないと悩んでいる人は、実はそのほとんどが自分しか愛していないのです。人の目を気にしたり、傷ついたりしたくないという気持ちに囚われていると言えるかもしれません。

パートナーへの愛だけでなく、友愛、親子愛など人への愛にもいろいろありますが、すべての人が小我を脱ぎ捨て、大我に目覚めれば世の中は変わります。苦境を軽々と乗り越え、争いごとやエゴがはびこることのない心豊かな時代を迎えることができるのです。

No. 08

念のパワーを信じる

私は現代の苦しい状況から脱するための方策の一つとして「念」の力を信じることを提案したいと思います。念力などと申し上げると、胡散臭いと思う人がいるかもしれませんが、念によるパワーを侮ってはいけません。

日本には昔から「思う念力岩をも通す」とか「火事場の馬鹿力」といった諺があります。昔の人は、いざというときには思わぬ力を発揮する能力を秘めているのだということに気づき、人間には無限大のエナジーがあると信じていたのです。

現代社会を見渡してみても、念のパワーを感じ取ることができます。たとえばオリンピックで開催国の金メダル獲得数が多いのはなぜでしょう？　それは応援する人々の祈りの念が強いからです。こうした念のパワーを日常生活で使わない手はありません。

恋人ができないと落ち込んでいる人も、思うように仕事がみつからないと嘆いている人も、お金が貯まらないと途方に暮れている人も念の力が足りないのです。動機が正しいことなら、強く念じれば必ず叶います。人生はそうして自分で作っていくものなのです。

ただし自分という素材がわからないまま念ずる人は〝妄想族〟。料理だって、人参とジャガイモと玉ねぎがあるから、今日はカレーにしようと決められるわけで、素材がないのにカレーが食べたいと考えるのは空想に過ぎません。自分を知り、強く念ずる。これが幸せの法則です。

また、負の念もあるということを忘れないでいただきたいと思います。「私なんてどうせ駄目だ」などと考えたり、口に出したりすると、負のパワーが働き、悪い方向へと流れてしまうのです。「好きだ」と言いたいのに言わないなど、自分の心についた嘘により、心が曇っていくことも覚えておく必要があるでしょう。

負の念力にはブレーキをかけ、ポジティブな念のパワーで苦境を乗り越えましょう。

No. 09

人間関係は自分を映す鏡と考える

人生の試練は、人間関係の摩擦によるものであることがほとんどです。みなさんのなかにも、なぜ私は横暴な夫と巡り合ってしまったのだろう？　なぜこんなロクでもない人と恋に落ちてしまったのだろう？　なぜ職場の上司に恵まれないのだろう？　などと苦悩している人がいるのではないかと思います。お答えしましょう。それはあなたの波長が低いためです。これをスピリチュアリズムの世界では「波長の法則」と呼んでいます。

「波長の法則」とは「類は友を呼ぶ」と同じ意味。人が心に思うことは、良いことも悪いことも想念という霊的なエナジーを生み出します。この想念による影響力は大きく、前向きな人の周りには前向きな人ばかりが集まるというように、同じ波長を持った者同士を引き寄せ合うのです。極端な例でいえば、儲け話に乗って騙されたという場合でも、被害者と詐欺行為を働いた人は、強欲であるという波長が一致していたために出会ってしまったと言えます。

ですから人間関係の摩擦が絶えないと感じたら、相手を責めるのではなく、自分の心のありようを省みること。このままではいけないと気づき、たましいの向上を図れば波長が変わります。低い波長の人は離れ、高い波長の人を呼び寄せることができるのです。それは人生がスムーズに回り始めることを意味します。とはいえ一足飛びに波長を高めることはできません。ポジティブな「思い」「言葉」「行動」を意識しながら、一日一日を大切に生きることで、人は少しずつ幸せに向かうことができるのです。

No. 10

行い次第で未来は変わる

幸せな人生を送りたいと望むのは当然です。かつてカウンセリングをしていたときに「私の未来はどうなっているのでしょう?」という相談を山ほど受けたのも、そのためでしょう。けれど、私はそのたびに「私はあなたの今後の運命を決めることはできません。あなた次第です」とお答えしてきました。幸せに生きたいと望むのなら、幸せに生きられるよう自分で日頃から心がけるしかないのです。

つつがなく生きていきたいと思っているのに、いつの間にか人生の迷路にはまってしまったということは、誰にもあるものです。しかし、軌道修正を急ぐあまり、今の幸せに対する気持ちや、周囲の人に対する思いやりの心を忘れていませんか? はっきりと申し上げますが、それで幸せになることは難しいのです。

スピリチュアリズムの世界には「自ら蒔いた種は、自ら刈り取らなくてはならない」という因果律に基づいた「因果の法則」というものがあります。

この世に偶然はありません。すべての出会いや出来事は、原因があるから結果があるという必然によって起こるのです。誰かのことを嫌いだと思えば、その想念は言動を通して相手に伝わります。自分が嫌いだと思う人は、相手も自分のことを嫌っているといった現象が起こるのはそのため。誰かを傷つけた人は、その人もまた他者に傷つけられることになり、人を貶めれば、やがて貶められることになるのです。

逆に、人に優しくすれば優しさが返ってくるという正の因果もあります。つまり人生には必要以上に良いことも悪いことも起こらないのです。大我な心で、自己責任を持って生きることを心がけてさえいれば、恐れるものなど何一つありません。

それぞれが悪しき種を蒔かず、ポジティブな言葉や言動を心がけるなど、良い種だけを蒔いて美しい花を咲かせましょう。そうすることで人はみな、幸せな人生を送ることができるのです。

第4章

女性の人生を好転させる8つの法則

あなたが女性に生まれたのは、宿命です。自らのたましいが、女性という性を選んで生まれてきました。

現代は、昔噺『桃太郎』の一節にあるように、「おじいさんは山で柴刈り、おばあさんは川で洗濯」と男女の役割がハッキリ区別されているわけではありません。それでも男性は男性特有の、女性は女性特有の人生を生きています。スピリチュアリズムの視点で見ても、やはり男性には男性の、女性には女性の学び、役割があると言えます。その性別に生まれたことを通して学ぼうとしているのです。

人は、仕事、結婚、子育て、介護、離婚など、それぞれの経験を通じてたましいを磨きます。なかでも現代の女性は、結婚一つとっても、仕事と家庭を両立させるか専業主婦として生きるか、また子どもを産むか産まないかなど選択肢が多い。ある意味、男性より人生について深く考える機会が多いのかもしれません。そのぶん、迷いも多いでしょうが、そのときどきで選択を繰り返しながら、さまざまな喜怒哀楽を味わうことができるとも言えるのです。

本書を手にとってくださった方のなかには、今まさに難題を抱えて途方に暮れている方がいるかもしれません。また、これから起こりうる問題に備え、心構えを知りたいという方もいるでしょう。いずれにしても、まずは「苦しいことから逃げないという覚悟」を決め、感情に惑わされず、理性的に物事をとらえることが大前提だと覚えておいてください。そのうえで、これから申し上げる「幸せになるための法則」を理解すれば、恐れるものなど何もないのです。

では、「幸せになるための法則」とは、どのようなものでしょうか。それは私が「8つの法則」という形でまとめ直したものです。これは、国際スピリチュアリスト連合が定めた七大綱領をもとに、現代を生きる人々にもわかりやすくまとめた法則です。

1 スピリットの法則
2 ステージ（階層）の法則
3 波長の法則
4 因果の法則
5 守護の法則
6 グループ・ソウル（類魂）の法則
7 運命の法則
8 幸福の法則

私の本を読んでくださっている方々にはお馴染みの法則だと思いますが、本書では、この応用編として「女性の人生を好転させる8つの法則」をお届けします。

No.01

肉体とたましいは別だと知る

スピリットの法則

人はみな霊的存在であると意識して暮らすこと。これが「スピリットの法則」です。

愛する人との死別は大きな試練ですが、肉体は失われてもたましいは死にません。あなたが人生をまっとうした後に、必ず再会できるのですから、そのときまで精一杯生き抜くことこそが大切だとわかるでしょう。

また、折り合いの悪かった舅姑と死別した場合、「謝りたいことがあった」といった後悔の念を抱くことがあるかもしれません。けれど、霊的世界に帰った人たちには、すべてが明白になっています。あなたの本心もたましいで理解できるようになるのです。

肉体とたましいは異なるという視点で生きることも大切です。たとえば、「子どもを産めない身体だから結婚できない」と悩んでいる場合も、「肉体ではなく、たましいが主」なのだと受け入れることが大事。男女ともに、相手の肉体など外的なことではなく、「たましい」で見ることが、幸せな恋愛、結婚には欠かせない視点です。

また、セックスレスの問題を抱えている女性は、自分は夫から全否定されていると考えがちですが、これもあくまで肉体的なこと。あなたのたましいや心まで否定されているわけではありません。たましいを中心に物事をとらえることで、心穏やかに、そして自由に生きていくことができるのです。

No. 02

ステージ（階層）の法則

他者に翻弄されないと決める

霊的存在である私たちは、死後、現世で培ったたましいの成長度に応じた場所へと移行する。これが「ステージ（階層）の法則」です。この「ステージ」は、現世で起こるさまざまな問題に向き合い、学びを積み重ねることで上がり、逆に、困難や苦しみから逃れようとすると、下がるとも言えるのです。

「優しい夫だったのに、今は家族のことも顧みず自己中心的な生き方をしている」など、大きな変化が訪れた場合、夫婦のたましいのステージが違ってしまったのかもしれません。

こういう問題が起きたときは、相手のステージが下がったのか、それとも自分のステージが低くなってしまったのかを省みる必要があります。相手のほうが下がったと思うなら、夫にすがるのはやめ、自分を向上させることのほうに意識を向けましょう。

たとえば離婚に至った場合も、どちらのステージが下がっての離婚だったかは、離婚後の生き方でわかります。離婚後、別れた夫が急に幸せになったなら、あなたのステージが低くなっていたということなのです。

また、自分のステージは、周囲にいる人を見てみればわかりますが、このことについては次の「波長の法則」で説明します。

No. 03

出会う相手はみな波長の映し出し

波長の法則

類は友を呼ぶ。これが「波長の法則」です。

つまり、あなたと同じ「波長」の人を引き寄せることになり、結果的にあなたの周りにいる人たちは、似たもの同士が集まっていると言えるのです。

ですから、もしもあなたが職場や子どもの学校、近所づきあいのなかなどで、「どうして私は人間関係に恵まれないのだろう?」と感じているとしたら、それはあなた自身の映し出し。まずは自分自身の波長を省みる必要があります。

また、ともに生きると決めたパートナーとも、何かしら波長が合うからこそ出会い、結ばれました。つまり、ふたりは、映し鏡の関係。夫のことを短気だと批判する人は、その人自身も短気であるケースが少なくありません。逆に、自分がおっとりしているので、些細なことで怒る夫が信じられない……という場合は「裏映し出し」となりますが、いずれにしても、波長で引き合っているのです。

そもそも人は多面体。高い波長だけの人も、低い波長だけの人もいません。相手のなかのよい波長を引き寄せたいと思うのなら、自らの思いや言葉、行動を改善することで波長を高めることが重要です。自分中心の小我ではなく、利他愛に生きる。つまり「大我」に生きることで波長を高めましょう。

No. 04

すべては自己責任と考える

因果の法則

自分の蒔いた種は、必ず自分で刈り取ることになる。これが「因果の法則」です。

この世に偶然はありません。人の悪口を言う人は、自分もまた人から批判されることになる。逆に人に親切にする人は、自分も人から親切にされるのです。

原因があるから結果がある。このことを因果といいますが、これまでに説明したように、夫婦においてステージや波長に相違が出るというのも、結婚前から夫に自分勝手な部分があったのなら、冷静に見極めなかったあなたにも責任があると言えます。厳しいようですが、そういう相手を選んだ自分の幼さが招いた結果だと考えることも必要なのです。

たとえどんなに理不尽な出来事であっても、他者のせいにしないこと。自分が蒔いた種もあるはずです。たとえば夫婦喧嘩をした場合、「夫が悪い！」と一方的に怒るだけでは、悪しき因果の種を蒔くことになってしまいます。自分にも悪い点があったと反省することが必要なのです。

また、どんなに傷ついても、復讐しようなどと思わないこと。人が人を裁けば、それもまた因果となって返ってきてしまいます。ですから、あなたが裁く必要はないのです。因果の法則により、相手も必ず学びます。そう受け入れて、あとは天に委ねることです。

No. 05

守護の法則

どんなときも見守られている

常に見守ってくれる「たましいの存在」を信じる。これが「守護の法則」です。

人生には思いがけない試練が待ち受けています。けれど、その「試練」というのも実は、あなたのたましいの成長を一心に願う守護霊による計らい。あえて転ばせることで、大切なことに気づかせる。大我の愛ゆえの「つまずき」もあるのです。

夫の浮気にせよ、経済的な危機にせよ、家族や自分の病気でさえも、スピリチュアルな視点ではすべて、災難ではなく、たましいを磨くための課題。トレーニングジムにたとえれば、大きな負荷をかけ、たましいをさらに鍛えようとしているようなものなのです。「こんなにつらいことばかりで、守護されているなんて思えない」と嘆きたくなるときでさえ、大きな愛であなたを見守っています。もしそれがわからないとしたら、あなたが心を曇らせ、守護霊という太陽との間に、分厚い雲が広がっているから。それがゆえに、光が届かないのです。

また、人間は未熟なので、自分の都合のいいときだけ「見守られている」と思いがちです。しかし、あなたが狡いことをしていたり、人の悪口を言っているようなときも同様に、守護霊はあなたのことを見ているということを忘れないようにしましょう。

No. 06

小我を捨て去り、大我に目覚める

グループ・ソウル（類魂）の法則

私たちは、一人ではありません。誰もがそれぞれに霊界にたましいの故郷がある。これが「グループ・ソウルの法則」です。

グループ・ソウルをコップに注がれた水にたとえるならば、私たち一人一人は一滴の水。現世でさまざまな経験を積み、修行を終えた私たちのたましいは、霊界に戻るとコップのなかのグループ・ソウルと混じり合います。それぞれの学びはグループ・ソウルの叡智となるのです。

たとえば子育てに行き詰まっていたとしましょう。そのときに思い出していただきたいのが、この法則です。見返りを求めない無償の愛、大我な心で子どもの幸せを願い、この子のために何ができるのだろう？　と思う気持ちは、念となって伝わります。グループ・ソウルはまさに叡智の宝庫ですから、あなたが真剣に問題に取り組み、努力しているのであれば、たましいの家族であるグループ・ソウルとプラグがつながり、あなたに必要なメッセージをもたらしてくれることがあります。

また広義にとらえれば、すべてのたましいは、一つの類魂とも言えます。そう考えると、児童虐待など、社会で起きる問題も他人事ではなく、自分自身のこととしてとらえ、寄り添うことが大切だとわかるでしょう。

No. 07

運命の法則

自分で運命を切りひらく

運命とは、自分の力で創り上げていくもの。これが「運命の法則」です。「運命をひらく」ことをテーマにした本書で幾度もお伝えしているように、宿命と運命は違います。生まれた時代や国、性別、家族などは宿命ですが、運命は自分自身で切りひらくもの。そこに、生きることの楽しさがあると言えるのです。

かつて私が行っていた個人カウンセリングでは、「結婚したいのに出会いがありません」といった相談を山ほど受けました。けれどそれもそのはずで、そうした方のほとんどが笑顔に乏しく、内に内にと引きこもりがちでした。このように運命の人を待ち続けているような「運命論者」は、厳しいようですが、怠け者です。たとえ苦手であっても、笑顔で人と接し、外に出会いを求めて出かけなければ、チャンスを逃してしまうのです。結婚は宿命ではなく、運命。結婚するもしないも個人の自由で、どちらがいい悪いと決まっているものではありません。責任主体で行動し、言い訳しない。そう腹をくくれる人が、その手で幸せをつかめるのです。

No. 08

8つの法則を実践して生きる

幸福の法則

私たちが幸せになるためには、これまでお話しした7つの法則のどれ一つとして欠けてはいけない。これが「幸福の法則」です。

仕事での出世、条件のよい結婚、エリート校に通う子ども、経済的に豊かな老後、長生き……。現代女性の多くが現世で求める「幸せ」は、そのほとんどが物質主義的価値観によるものではないでしょうか。けれど霊的価値観で見れば、「本当の幸せ」とは、人生のあらゆる問題を受け入れ、克服しながらたましいを向上させることなのです。

紹介した法則は、連動しながら人生に影響を及ぼしていきます。問題に突きあたったときには、静かに内観し、8つの法則をもとに分析してみましょう。この世に罰はありません。そこにあるのは学びなのです。

『婦人公論』２００９年４月22日号〜12月22日・10年１月７日合併号連載
「ソウル・リフティング――たましいの磨き　女の運命は変えられる」
『婦人公論』２０１０年１月22日号〜６月22日号連載「不幸になる人の法則10」
『婦人公論』２００９年８月15日号別冊『悩めるあなたへ　江原啓之が行く！』
『婦人公論』２０１３年４月15日号別冊『迷える女性たちへ！　江原啓之が指南する
運命を変える秘訣』より抜粋、加筆・修正しました

江原啓之（えはら・ひろゆき）
スピリチュアリスト、オペラ歌手。一般財団法人日本スピリチュアリズム協会代表理事。吉備国際大学ならびに九州保健福祉大学客員教授。『幸運を引きよせる スピリチュアル・ブック』『スピリチュアルな人生に目覚めるために』『あなたは「死に方」を決めている』『スピリチュアル・パーゲイション』ほか著書多数。
公式ＨＰ　http://www.ehara-hiroyuki.com/
江原啓之携帯サイト　http://ehara.tv/

たましいの地図《ちず》
――あなたの運命《うんめい》をひらく

2016年３月25日　初版発行

著　者　江《え》原《はら》啓《ひろ》之《ゆき》
発行者　大橋善光
発行所　中央公論新社
〒100-8152　東京都千代田区大手町1-7-1
電話　販売 03-5299-1730　編集 03-5299-1870
URL　http://www.chuko.co.jp/

印　刷　三晃印刷
製　本　大口製本印刷

Published by CHUOKORON-SHINSHA, INC.
Printed in Japan　ISBN978-4-12-004840-1　C0095

特別付録・台紙

携帯電話や手帳などに貼りましょう。

『たましいの履歴書』についている

宿命を活かす「金札」と合わせて

台紙に貼ることもできます。